Harun Pačić

ERWÄGUNGEN ZUM ARBEITSVERTRAG

nach österreichischer Rechtslage

Bibliografische Information der Deutschen Nationalbibliothek:
Die Deutsche Nationalbibliothek verzeichnet diese Publikation
in der Deutschen Nationalbibliografie; detaillierte bibliografische Daten sind im Internet über http://dnb.dnb.de abrufbar.

Herstellung und Verlag: BoD – Books on Demand, Norderstedt

ISBN: 978-3-7534-4637-0

Inhaltsverzeichnis

Vorwort

Die ᴇʀᴡägᴜɴɢᴇɴ ᴢᴜᴍ ᴀʀʙᴇɪᴛsᴠᴇʀᴛʀᴀɢ sind die Zusammenfassung einer Heranführung an die Arbeitsvertragsgestaltung, die dem KU Vᴇʀᴛʀᴀɢsɢᴇsᴛᴀʟᴛᴜɴɢ ɪᴍ ᴀʀʙᴇɪᴛsʀᴇᴄʜᴛ an der Universität Wien und der ILV Vᴇʀᴛʀᴀɢsɢᴇsᴛᴀʟᴛᴜɴɢ ᴜɴᴅ ɴᴇᴜᴇ ᴀʀʙᴇɪᴛsғᴏʀᴍᴇɴ an der Fachhochschule des BFI Wien zugrunde liegt.

Einem Wesenszug von Lehrbehelfen entsprechend sind alle nachfolgenden Lehrsätze dadurch charakterisiert, dass sie *nicht* abgeschlossen sind, denn sie sind zum Nach-, Durch- und Weiterdenken gedacht.

I. Grundlagen

1.

Das Arbeitsverhältnis *gründet* insofern auf dem Arbeitsvertrag, als er es nicht nur begründet, sondern auch einen Rechtsgrund für seine Ausgestaltung darstellt.[1]

Ehe wir das Arbeitsverhältnis arbeitsvertraglich zu gestalten beginnen, sollten wir klären, *ob* es ein Arbeitsverhältnis ist, das wir gestalten möchten, inwieweit wir dazu ermächtigt sind und inwiefern wir daran interessiert sind.[2]

Setzen wir voraus, dass wir einen Arbeitsvertrag schließen wollen, so dürfen wir diesen nicht *so* ausgestalten, dass er am Ende *keiner* ist, weshalb wir *das* im Blick behalten müssen, was ihn ausmacht:

Verpflichtet sich ein Mensch *so* zur Arbeit für eine Person, dass dem Grunde nach *sie* allein das Beschäftigungsverhältnis auszugestalten befugt ist, so begründet *diese* seine rechtliche *Unter*ordnung ein Arbeitsverhältnis; verhält es sich so, dass er im Grunde frei ist, über seine Arbeitskraft zu verfügen, so ist der eingegangene Vertrag aufgrund rechtlicher *Gleich*ordnung als freier Dienstvertrag anzusehen.[3]

Dem *Arbeits*vertrag – oder *Dienst*vertrag – und dem *freien* Dienstvertrag ist gemein, dass die Arbeits*kraft*: Dienstleistung für gewisse Zeit *geschuldet* wird, sodass dann, wenn sich aus einem Rahmenvertrag für eine geschäftliche Beziehung keine Arbeits*verpflichtung* ergibt, weder ein Arbeits- noch ein freier Dienstvertrag vorliegt;

---

[1] Vgl Rebhahn in Neumayr/Reissner, ZellKomm[3] § 1151 ABGB Rz 31 ff.
[2] Vgl Reissner/Neumayr in Reissner/Neumayr (Hrsg), Zeller Handbuch Arbeitsvertrags-Klauseln[2] [zit: ZellHB AV-Klauseln] Rz 0.01 bis 0.167.
[3] Vgl Pačić, Arbeits- und Sozialrecht[3] (2020) Rz 21.

darauf gestützte Übereinkünfte über die Ausführung von Arbeitseinsätzen sind gesondert zu beurteilen.[4]

Die zuvor angesprochene rechtliche Unterordnung *zeigt* sich als feste *Ein*bindung in den Betrieb bei Bindung an persönliche Weisungen; das sind solche, die Arbeitszeit und Ort der Arbeit, Arbeitsabfolge und arbeitsbezogenes Verhalten betreffen.[5]

Die Vorgaben hierzu reichen im Arbeitsverhältnis infolge *organisatorischer* Eingliederung des Arbeitenden weiter als bei freier Mitarbeit, welche durch lockere funktionelle betriebliche *An*bindung gekennzeichnet ist.

Persönliche Abhängigkeit ist *der* überkommene Begriff für die überwiegend fremdbestimmte Arbeitsweise der *typischen* Arbeitnehmenden: Sie liegt dann vor, wenn ihre *Merkmale* als Elemente eines beweglichen Systems bei einer Aus*wertung* der Sachlage über*wiegen*.[6]

---

[4] Vgl Reissner, Abhängiger Arbeitsvertrag versus freier Dienstvertrag, DRdA 1992, 93; Wachter, Der sogenannte freie Dienstnehmer, DRdA 1984, 405.

[5] Vgl Rebhahn, Der Arbeitnehmerbegriff in vergleichender Perspektive, RdA 2009, 154; Gerhartl, Charakteristika des Arbeitsvertrages, ASoK 2005, 321; Tomandl, Die Rechtsprechung des VwGH zum Dienstnehmerbegriff, ZAS 2016,260; Wolf, Der Arbeitnehmerbegriff im Arbeits-, Sozial- und Gemeinschaftsrecht, DRdA 2011, 467; Klein, Beschäftigung im Rahmen von „Pflegepools" – freiberufliche Tätigkeit oder Arbeitsvertrag? DRdA 2006, 431.

[6] Vgl Pačić, Das Recht der Arbeit in Europa (2020) 26.

Das wirtschaftliche, unternehmerische Betriebs*risiko* trägt die Arbeit-gebende Person, die dieses nicht durch übermäßige Kostenbelastung auf den Arbeitnehmenden überwälzen darf.[7]

Atypische Arbeit mit weithin stark gelockerten Vorgaben zu Arbeitszeit, -ort oder -abfolge steht einem Arbeitsvertrag bei gewahrter funktionaler – stiller – Autorität der Arbeitgebenden nicht entgegen, die sich *an* ausgeprägten Kontrollrechten oder *in* gesteigerten Nebenpflichten zum arbeits- oder betriebsbezogenen Verhalten bemerkbar macht.[8]

Wer – *ohne* im Arbeitsverhältnis zu stehen – im Auftrag und für Rechnung *bestimmter* Personen arbeitet, gilt bei wirtschaftlicher Unselbständigkeit als arbeitnehmer*ähnlich* und ist in den Geltungsbereich einzelner Schutzgesetze einbezogen, insb ins DHG, AÜG und GlBG.[9]

Ein arbeitnehmerähnliches Beschäftigungsverhältnis liegt bei Menschen vor, die regelmäßig in koordinierter Anbindung an einen fremden Betrieb: fremde Betriebs*mittel* hauptsächlich *persönlich* derart Arbeit leisten, dass ihr Arbeitsergebnis *nicht* (substanziell) im eigenen Unternehmen verwertet wird.[10]

Eine neuere Arbeitsform ist *Plattform*arbeit, wobei eine größere Zahl von Menschen – die crowd – über eine – zumeist internetbasierte – Plattform auf Nachfrage Dritter ausgelagerte Aufträge ausarbeitet.

---

[7] § 879 Abs 1 ABGB; vgl Reiner, Der OGH, das Arbeitsrecht und das Unternehmerrisiko: Ein erster Befund, ZAS 2008, 203.

[8] Vgl Pacic/Pajalic in Pacic, Atypische Beschäftigung (2016), 37 ff.

[9] Vgl Tomandl, Wie tragfähig ist der Arbeitnehmerbegriff? Dargestellt am Beispiel von Crowdwork, ZAS 2018, 174.

[10] Vgl Rebhahn, Arbeitnehmerähnliche Personen – Rechtsvergleich und Regelungsperspektive, RdA 2009, 236.

Dabei kann es sich um analoge Dienste – zB Transport-leistungen – oder um digitale Arbeit – zB Softwareerstellung, Übersetzungen oder Textbearbeitung – handeln.[11]

Diese Arbeit in der sog Gig-Economy erfolgt nicht selten *so*, dass sich zB für Aufbau und Wahrung digitaler Reputation – ungeachtet des oft geringen Lohns und latenter Zahlungsun-sicherheit – eine längere Arbeitsbeziehung zur Plattform, ihrem Inhaber bzw ihrer Inhaberin entwickelt; tatsächlich wird nicht selten ein Arbeitsverhältnis vorliegen und falls ein solches *nicht* naheliegt, liegt ein arbeitnehmerähnliches Beschäftigungsver-hältnis nicht fern.[12]

Zu den neueren Entwicklungen am Arbeitsmarkt sind neben Plattformarbeit zB auch zu zählen: die Arbeit auf Abruf, eine koordinierte kontinuierliche Zusammenarbeit von Kleinun-ternehmenden;

die gemeinsame bzw informell geteilte Beschäftigung von Arbeitnehmenden, eine Arbeitsplatzteilung, Projektarbeit, mobile Dienste oder Gutscheinarbeit.[13]

---

[11] Vgl Kullmann, Working in the Plattform Economy – The implications on Labour Law, MR-Int 2018, 79; Pfalz, Grundfragen der Plattformar-beit, in Kietaibl/Mosler/Pačić, GS Rebhahn (2019), 425; Risak, Grenz-überschreitendes Arbeiten im virtuellen Raum – ein Fall für das euro-päische Arbeitsrecht? DRdA 2019, 117; Risak, Arbeitsrecht 4.0, JAS 2017, 12; Risak, Digitalisierung und Arbeitsrecht, Jahrbuch Arbeits-recht und Sozialrecht 2019, 115; Risak, Crowdwork, Erste rechtliche Annäherungen an eine „neue" Arbeitsform, ZAS 2015, 11; de Brito/Ivansits, Crowdwork und Sozialversicherungsschutz, DRdA-infas 2017, 309; Geringer, Gigworking – nichtselbständige Arbeit im Sinne des §25 EStG? taxlex 2020, 8.
[12] Vgl Lutz/Risak, Arbeit in der Gig-Economy (2017).
[13] Vgl Eurofound, New forms of employment (2015); Waas (Hrsg), New forms of Employment in Europe (2016).

Zurück zur Vertragsgestaltung:

Rechtliche Unterordnung haben wir zu beachten, damit sie nicht abhandenkommt, aber es ist auch darauf zu achten, dass das Arbeitsverhältnis als *Dauer*schuldverhältnis – es wird auf *Zeit* eingegangen – nicht zum *Ziel*schuldverhältnis wird; darauf kommen wir beim Leistungslohn zurück.

Wir achten sonach von Beginn an auf die Merkmale der sog persönlichen Abhängigkeit, mithin auf persönliche Weisungen; es geht zwar für die Arbeit-gebende Person nicht darum, ihre Weisungsbefugnis auszuüben, sondern darum, zur Anweisung, zur einseitigen Ausgestaltung, zur näheren Konkretisierung des Vertragsverhältnisses *befugt* zu sein, doch nimmt das Gewicht dieser Befugnis im Rahmen der in der Judikatur angestrengten *Gesamt*abwägung ab, wenn dem Arbeit-nehmenden Menschen weitrechende Freiheit bzgl Ort, Zeit und Abfolge der Arbeit eingeräumt wird; der eingeräumte Freiraum kann mitunter durch gesteigerte Kontrollrechte, Berichts- oder auch Nebenpflichten kompensiert werden.[14]

---

[14] RIS-Justiz: RS 0021306; OGH 13.7.1976, 4 Ob 58/76; 16.6.2008, 8 ObA 39/08f; 14.1.1988, 14 ObA 46/87; 23.10.1984, 4 Ob 116/84, RdA 1986, 23 (Csebrenyak) = ZAS 1986/16 (Dusak); 14.2.2001, 9 ObA 22/01b, RdA 2002/9 (Burgstaller).

Da wir die *Neben*pflichten angesprochen haben:

Treue und *Fürsorge* sind anerkannt, aber umstritten, weil es oft schwierig zu erschließen sein kann, was sie beinhalten und wie weit sie reichen; diesbezüglich wird die Rede davon sein, was wechselseitig erwartet oder nicht erwartet werden *darf*.[15]

Es könnte sich daher anbieten, sie – soweit es geht und Sinn macht – vertraglich vorwegzunehmen, doch braucht man nicht zu versuchen, schlechthin alles zu regulieren, denn das *kann* nicht nur, sondern *wird* voraussichtlich Anwendungsprobleme verursachen. Stattdessen sollte man sich *darauf* beschränken, womit zu rechnen ist: was bei sorgfältiger Planung einkalkuliert werden kann und müsste.[16]

Da wir es mit einem *Vertrag* zu tun haben, dürfen überdies zivilrechtliche Anforderungen an eine rechtliche Verbindlichkeit nicht außer Acht gelassen werden, vor allem: *Konsens*.[17]

Arbeitsverträge können formfrei geschlossen werden, doch ist dann ein Dienstzettel nach § 2 AVRAG auszustellen, das ist eine schriftliche Aufzeichnung über Hauptrechte und -pflichten, wie zB darüber, wann das Arbeitsverhältnis beginnt, wo sich der gewöhnlichen Arbeitsort befindet oder wie die Arbeitskraft eingesetzt werden soll.[18]

Wir haben aber ohnedies vor, uns dem schriftlichen Vertrag zuzuwenden; freilich sind bei der Abfassung eines solchen die Vorgaben für Dienstzettel als Mindestinhalt zu berücksichtigen.

---

[15] Vgl Pacic, Die Fürsorgepflicht des Arbeitgebers im Lichte der Rechtsprechung, ZAS 2010/26; Pacic in Resch, Versetzung (2012), 43 ff.

[16] Vgl zum gleichgelagerten Problem in der Gesetzgebungslehre: Pacic, Methoden der Rechtsfindung im Arbeitsrecht (2012) 179 ff.

[17] Vgl Pacic, Das strikte Recht: Zivilrecht (2019) Rz 64 ff.

[18] Vgl § 6 Abs 3 AngG und § 1164a ABGB.

2.

Versetzen wir uns in die Position der Arbeitgebenden, denn *sie* ist es, die idR den Arbeitsvertrag ausformuliert.

Wenn ein Arbeitsvertrag für eine Vielzahl Arbeitnehmender *vor*formuliert wird, dann haben wir es mit *allgemeinen Arbeitsbedingungen* – AAB zu tun, die nach gängiger Ansicht wie AGB (Vertragsformblätter) zu behandeln, *deshalb* einer Inhalts- und Geltungskontrolle zu unterziehen sind.[19]

Eine Bestimmung mit ungewöhnlichem Inhalt in AAB wird nicht Vertragsbestandteil, wenn sie für den Arbeitnehmenden nachteilig ist und er damit nicht zu rechnen brauchte, außer er wurde darauf hingewiesen.[20] Für ihn *gröblich* benachteiligende Nebenabreden in AAB sind jedenfalls nichtig.[21]

Zu berücksichtigen sind bei der Vertragsgestaltung auch die Vertrags*auslegungs*regeln, dh der Umstand, dass nicht an dem buchstäblichen Sinne des Ausdrucks gehaftet wird, sondern die Absicht der Parteien zu erforschen, der Vertrag so zu verstehen gesucht werden wird, wie es der Übung des redlichen Verkehrs entspricht.[22] Im Zweifel werden *undeutliche* Äußerungen zum Nachteil der Person ausgelegt, welche sich ihrer bedient hat.[23]

---

[19] Vgl Leitner, Was genau sind eigentlich Allgemeine Geschäftsbedingungen und Vertragsformblätter? immolex 2012, 242; Kallab, Arbeitsrechtliche Vertragsformblätter – Anwendbarkeit des § 864a ABGB, DRdA 2000, 187; Kietaibl, Geltungskontrolle und Transparenzgebot im Arbeitsvertragsrecht, DRdA 2006, 13.
[20] § 864a ABGB. Vgl Kallab, Arbeitsrechtliche Vertragsformblätter – Anwendbarkeit des § 864a ABGB, DRdA 2000, 187.
[21] § 879 Abs 3 ABGB.
[22] § 914 ABGB.
[23] § 915 ABGB.

Bei der Frage nach der Rechtmäßigkeit des Arbeitsvertrages sind nicht nur *Gesetze* im formellen Sinne und Verordnungen, sondern auch Kollektivverträge sowie Betriebsvereinbarungen zu berücksichtigen. Obschon diese normativ wirken, handelt es sich um *Verträge*, doch wird ihr normativer Bestandteil wie ein Gesetz ausgelegt.[24]

Wir müssen uns fragen, welche von ihnen anwendbar sind, wie die Norm auf unser Arbeitsverhältnis einwirkt – zweiseitig oder einseitig zwingend oder dispositiv; gegebenenfalls haben wir Normenkollisionen aufzulösen.[25]

Mitzudenken sind auch sozialversicherungsrechtliche Folgen und steuerrechtliche Implikationen. Wir werden darauf jedoch in der Folge nicht eingehen, sie – wenn überhaupt, dann – nur streifen und uns auf *typische* vertragliche Regelungen aus dem Gefilde des Arbeitsrechts konzentrieren.

---

[24] Vgl Pacic, Die Auslegung des normativen Teils von Kollektivverträgen und Betriebsvereinbarungen, ZAS 2010/49, 300; Bollenberger, Untätigkeit der Kollektivvertragsparteien und Auslegung des Kollektivvertrags, JAS 1017, 77; Windisch-Graetz, Auslegung des BAGS-Kollektivvertrags, ecolex 2014, 72; Kuderna, Zur Diskussion über die Auslegung kollektivvertraglicher Normen, ZAS 1981, 203; Schwarz, Rechtsfragen der Anwendung von Kollektivvertragsbestimmungen, DRdA 1994, 365.

[25] Vgl Pacic, Kollision von Kollektivverträgen, taxlex 2008, 301; Jabornegg, Die Wahl des Kollektivvertrages durch den Arbeitgeber – eine Option des geltenden Arbeitsverfassungsrechts? DRdA 2005, 107; Marhold, Satzung eines Kollektivvertrages nach Betriebsübergang und Verbandwechsel des Arbeitgebers, ZAS 2005/35, 203; Resch, Bemerkungen zur Kollektivvertragsfähigkeit und zur Kollektivvertragsunterworfenheit, JBl 1991, 762; Weiss, Die Hierarchie der Kollektivvertragsangehörigkeiten, ASoK 2006, 138.

II. Allgemeines

1.

Wohlan – wir beginnen mit allgemeinen Hinweisen, wie jenem auf die Personalien der Parteien, deren Namen und Anschrift der Dienstzettel und also auch jeder schriftliche Arbeitsvertrag enthalten muss.[26]

Als Arbeitnehmender kommt nur eine natürliche Person, als Arbeitgebende auch die juristische Person in Betracht. Notieren Sie den bürgerlichen Namen bzw die Firma mit ihren Zusätzen, insb bei Konzerngesellschaften; weitere Angaben helfen dabei, Verwechslungen vorzubeugen, zB Geburtsdatum und -ort bzw Firmenbuchnummer.

Bei der Anschrift ist der Hauptwohn- bzw Unternehmenssitz zu nennen, wobei das idR verknüpft wird mit der Verpflichtung, Adressänderungen unverzüglich bekanntzugeben. *Reissner* rät bei konzernbezogenen Arbeitsverhältnissen einen Wechsel von einem Konzernunternehmen zu einem anderen mit einer sog *Konzernfolgeklausel* abzusichern; der Arbeitnehmende stimmt darin der Übernahme seines Vertrages für den Fall schriftlicher Erklärung durch die Arbeitgebende zu.[27] Es scheint fraglich, ob eine Übernahme ohne Eingrenzung auf Übernahmegründe mit den guten Sitten vereinbar ist; es könnte zB Kündigungsschutz uU ausgehebelt werden.

---

[26] Im Detail s die 1. Klausel im ZellHB AV-Klauseln, von Reissner.
[27] Reissner in ZellHB AV-Klauseln Rz 1.07.

2.

Festgehalten haben wir, dass wir den Arbeitsvertrag schriftlich abfassen. Innerhalb schriftlicher Verträge finden wir wiederholt die Schriftform angesprochen, als Form *vorbehalt.*[28]

Obschon eine Willenserklärung grundsätzlich mündlich oder durch Handlungen erklärt werden kann, die in Anbetracht aller Umstände keinen vernünftigen Grund belassen, am Willen, sich rechtlich zu binden, zu zweifeln, gibt es vereinzelt gesetzliche Schriftformgebote.[29] Zumeist beziehen sich Formpflichten aber nicht auf den gesamten Vertrag, sondern auf gewisse Inhalte, zB auf den Ausbildungskostenrückersatz.[30]

Kollektivvertragliche Schriftformgebote sind im Zweifel nicht als Inhalts-, sondern als Abschlussnormen *ohne* Normwirkung einzuordnen, außer es geht um die Beendigungserklärungen.[31]

Mit Bezug auf nachträgliche Vertragsänderungen finden wir nicht selten *gewillkürte* Schriftformgebote, die gekoppelt sind an die Bestätigung, die schriftliche Ausfertigung sei vollständig und ohne mündliche Sonderabreden.

---

[28] Im Details s die 2. Klausel im ZellHB AV-Klauseln, von Oberhofer.

[29] Vgl § 3 Abs 2 TAG, § 2 Abs 1 JournG, § 2 Abs 1 HGHAngG, § 460 ASVG; Holzer, Bedeutung von Formvorschriften, DRdA 1985/6, 123; Mazal, Konkludenz im Arbeitsrecht, in Tomandl, Neuere Tendenzen im Arbeitsrecht auf dem Prüfstand (1999), 17.

[30] § 2d Abs 2 AVRAG. Vgl Risak, Schriftformgebote im Arbeitsrecht, ZAS 2013/10, 52; Uher, Schriftlichkeit im Arbeitsrecht, ARD 5783/10/ 2007.

[31] Vgl Gittenberger, Schriftlichkeit bei der vorzeitigen Auflösung eines Lehrverhältnisses, DRdA 2008, 68; Köck, Übermittlung des Fotos eines Kündigungsschreibens per „WhatsApp" erfüllt Schriftformgebot nicht, ZAS 2016/15, 85.

Oberhofer denkt daran, mündliche oder konkludent erklärte Änderung oder Ergänzung nur dann für verbindlich zu erklären, wenn die Parteien sie nachträglich ausdrücklich anerkennen.[32]

Denkbar ist auch die Regelung, dass zB Vereinbarungen bei einem jährlichen Mitarbeiter/innen-Gespräch nur dann als verbindlich behandelt werden, wenn sie zB binnen einer Woche schriftlich bestätigt oder über Dienstwege genehmigt werden.

Bei der Frage, *was* Schriftlichkeit bedeutet, sind wir auf das bürgerliche Recht verwiesen; ob zB per Fax, E-Mail, WhatsApp, Skype, Viber oder dergleichen übermittelte Texte als schriftlich eingebracht gelten – das wird wohl vom *Zweck* der jeweiligen Regelung abhängen.[33]

3.

Sollte das Vereinbarte punktuell oder teilweise unwirksam sein, wird mittels *salvatorischer* Klauseln die übrige Vereinbarung in ihrer Wirksamkeit zu erhalten, das Eingreifen von dispositivem Recht durch Offenhalten des lückenhaft gewordenen Vertrages zu verhindern oder ein anderer, vorab erwogener Inhalt an die Stelle des unwirksamen zu setzen versucht.[34]

---

[32] Oberhofer in ZellHB AV-Klauseln Rz 2.22. Vgl Rummel, Probleme der gewillkürten Schriftform, JBl 2016/37, 339.

[33] Vgl § 886 ABGB sowie das Signaturen- und Vertrauensdienstegesetz.

[34] Vgl Kietaibl, Vertragskontrolle durch Auslegung und geltungserhaltende Reduktion, in Brodil, Civiles im Arbeitsrecht (2012), 85; Leitner, Ist das vollständige Ende der geltungserhaltenden Reduktion gekommen? ÖJZ 2002/6, 711.

Die salvatorische Klausel zielt auf eine geltungserhaltende Reduktion, auf Erhaltung *oder* darauf ab, eine Ersatzregelung umzusetzen, wobei es – das ist zu vermeiden – zu einer groben Beeinträchtigung bzw zu einem groben Missverhältnis rechtlich geschützter Interessen kommen kann.[35]

Ebenso bedenklich wie salvatorische Klauseln sein *könnten*, *sind* nach Neumayr – angelehnt an § 6 Abs 1 Z 3 KSchG – die *Zugangsfiktionen* für Willenserklärungen wie auch – angesichts abweichender gesetzlicher Regeln – *Beweislastvereinbarungen* in Arbeitsverträgen; wird indes lediglich *bestätigt*, dass etwas übergeben oder verstanden worden ist, so sei dagegen nichts einzuwenden.[36]

4.

Wird im Arbeitsvertrag auf Zusatz- oder Sondervereinbarungen oder Gesetze, Kollektivverträge und Betriebsvereinbarungen *so* Bezug genommen, dass sie in das Arbeitsverhältnis einbezogen werden, sprechen wir von *Verweisungen*, die entweder statisch starr gefasst oder dynamisch in der jeweils geltenden Fassung ausgestaltet sein können.[37]

---

[35] Neumayr in ZellHB AV-Klauseln Rz 3.02 bis 3.04, 3.11 bis 3.16; OGH 22.9.2015, 4 Ob 252/14h; OGH 21.12.2017, 4 Ob 228/17h; OGH 11.5. 2006, 8 ObA 37/06h. Vgl Iro, Teilwirksamkeit gröblich benachteiligender AGB-Klauseln „soweit gesetzlich zulässig"? RdW 1987, 7; Kietaibl, Geltungskontrolle und Transparenzgebot im Arbeitsvertragsrecht, DRdA 2006, 12; Sabara, Zustellung von Beendigungserklärungen, ARD 6404/7/2014; Kietaibl, Zur Sittenwidrigkeit im Arbeitsvertragsrecht, RdW 2006, 94.

[36] Neumayr in ZellHB AV-Klauseln Rz 3.18 und 3.19.

[37] Im Detail s die 4. Klausel im ZellHB AV-Klauseln, von Neumayr.

Bei einer dynamischen Verweisung, der sog *Jeweils*-Klausel, wird ein Dokument in einer Fassung zum Vertragsbestandteil gemacht, die sich womöglich künftig ändern wird – es handelt sich dabei um einen Änderungsvorbehalt, soweit die Änderung der Sphäre einer Vertragspartei entspringt; in der Regel ist dies die Arbeit-gebende Partei, zB bei Richtlinien über die Nutzung von Betriebsmitteln oder konzernweiten Ethik-Vorgaben, worin sich vermehrt *Whistleblowing*-Klauseln über die Möglichkeiten zur vertraulichen Meldung von Verstößen gegen Rechtsnormen oder interne Compliance-Vorschriften finden.[38]

Bei der *Ausübung* jeglicher einseitiger Gestaltungsrechte ist zu fragen, ob und gegebenenfalls in welcher Hinsicht sie gegen Treu und Glauben verstößt.[39]

---

[38] Im Detail s die 4. Klausel im ZellHB AV-Klauseln, von Neumayr. Vgl Borgmann, Ethikrichtlinien und Arbeitsrecht, NZA 2003, 352; Holzer, Möglichkeiten und Grenzen dynamischer Verweisungen auf gesetzliche Pensionsregelungen in Betriebsvereinbarungen und Kollektivverträgen, ASoK 2005, 34; Kovács, Dynamische Verweisungen im Betriebsübergang, ZAS 2014, 88; Strasser, Dynamischer Verweisungen in Kollektivverträgen, in FS Floretta (1983), 627; Marhold, Einzelvertragliche Bezugnahme „freier" Betriebsvereinbarungen, RdW 1987, 129; Mayer-Maly, Verweisungsprobleme bei Kollektivverträgen, RdW 1984, 143; Aschauer, Whistleblowing im Arbeitsrecht (2012); Aschauer, Whistleblowing in der Unternehmenspraxis, Datenschutzrechtliche und arbeitsrechtliche Aspekte, CFO aktuell 2013, 64; Aschauer, Whistleblowing – Möglichkeiten zum Aufzeigen und Beseitigen von Konflikten, in Ferz/Salicites, Mediation in Betrieben (2016), 56; Brodil, Verpfeifer, Pfeifen und Verpfiffene, Whistleblowing aus arbeitsrechtlicher Perspektive, ecolex 2009, 1024; Hahn, Whistleblowing – Zustimmung des Betriebsrates per se erforderlich? ARD 6526/5/2016; Jahnel, Whistleblowing-Hotlines im Datenschutzrecht, ecolex 2009, 1028; Leissler, Checkliste Whistleblowing, ecolex 2010, 2020; Naderhirn, Whistleblowing im Arbeitsrecht – Ausgewählte Aspekte, DRdA 2014, 14.

[39] Vgl Pačić, Interessenabwägung bei Ausübung von einseitigen Gestaltungsrechten? ZAS 2017/4, 24.

Zuweilen ist ein Verweis dazu gedacht, das Weisungsrecht hervorzuheben, wohingegen die Bezugnahme auf Gesetze und Kollektivverträge zumeist nicht so gemeint ist, dass diese auch dann relevant sein sollen, wenn sie irrtümlich für anwendbar erklärt worden sind; uU dienen sie aber als *Vertragsschablobe*, wohlwissend, *dass* sie nicht anwendbar sind – wir könnten zB für Arbeiter bzw Arbeiterinnen das AngG übernehmen, um sie als Vertragsangestellte einzuordnen.[40]

Arbeitnehmende werden zuweilen im richtigen Kollektivvertrag bzgl des Entgelts bewusst besser eingestuft – es wird auf eine höhere Gehaltsstufe verwiesen.

---

[40] Vgl Figl, Harmonisierung Arbeiter – Angestellte im Arbeitsrecht de lege lata, ZAS 2020, 299; Herzeg, Gleichstellung von Arbeitern und Angestellten im Betrieb, JAP 2011/2012/14, 155.

5.

Zum Abschluss dieses *allgemeinen* Teils unserer Heranführung an typische Arbeitsvertragsinhalte werfen wir noch einen Blick auf das anwendbare Recht. *Rechtswahl* ist eingeschränkt, weil es untersagt ist, Arbeitnehmenden jenen Schutz zu entziehen, der ihnen mangels Rechtswahl zukäme, doch bleibt ein Verweis auf anderes Recht erlaubt, soweit die öffentliche Ordnung nicht untergraben wird.[41]

Wir könnten somit zB sagen, dass für Rechtsansprüche aus dem Arbeitsvertrag das deutsche Recht gilt, obwohl wir wissen, dass es nicht für alle Fragen maßgeblich sein wird, die sich mit Bezug zum österreichischen Arbeitsverhältnis stellen; auch der Teilverweis wäre möglich, zB bzgl betrieblicher Renten auf das belgische oder ungarische Recht.[42]

---

[41] Vgl Burger, Deutsches Kündigungsschutzrecht konkludent gewählt, DRdA 2015/43, 334; Deinert, Neues Internationales Arbeitsvertragsrecht, RdA 2009, 144; Resch (Hrsg), Grenzüberschreitender Personaleinsatz (2007); Eichenhofer, Arbeitsbedingungen bei Entsendung von Arbeitnehmern, ZIAS 1996, 55; Gamillscheg, Ein Gesetz über das internationale Arbeitsrecht, ZfA 1983, 307; Junker, Das Internationale Arbeitsrecht im Spiegel der Rechtsprechung, in FS 50 Jahre BAG (2004), 1197; Kallab, Anfechtung von Kündigungen – ein europäisches Problem? DRdA 2011, 463; Verschraegen (Hrsg), Rechtswahl (2010); Korenjak, Rechtswahl bei internationalen Arbeitsverträgen, ASoK 2012, 12; Kühteubl, Rechtswahlklausel, ZAS 2011/39, 242; Laimer/ Huger, Anwendung des deutschen Betriebsverfassungsrechts auf ausschließlich in Österreich tätige Dienstnehmer? RdW 2012/117, 97; Schrenk, Grenzüberschreitende Arbeitsverträge, taxlex 2010, 338; Schwimann, Zur Lage des österreichischen Internationalen Arbeitsrechts, ZAS 1992, 1; Schwimann, Grenzüberschreitender Wechsel des Beschäftigungsorts und arbeitsrechtliche Eingriffsnormen, wbl 1994, 217; Streithofer, Der kollisionsrechtliche Günstigkeitsvergleich gem Art 8 Abs 1 Satz 2 der Rom I-VO, DRdA 2012, 191; Windisch-Graetz, Grenzüberschreitende Beschäftigung im Transportgewerbe, DRdA 2013, 13.
[42] Im Detail s die 5. Klausel im ZellHB AV-Klauseln, von F. G. Burger.

Kennen wir die Kriterien, nach denen das anwendbare Recht ermittelt wird, können wir dies im Vorfeld berücksichtigen: idR ist es der gewöhnliche Arbeitsort, der hierfür entscheidend ist, doch fragt das IPR auch, ob es vielleicht *engere* Verbindungen zum Recht eines anderen Staates gibt.[43]

Schließen wir hiermit den allgemeinen Teil und gehen nun auf *besondere* Vertragsteile ein, beginnend mit Bestimmungen zur Dauer des Arbeitsverhältnisses.

---

[43] Art 3 Rom und Art 8 Abs 2 bis 4 I-VO. Vgl Ganglberger, Gewöhnlicher Arbeitsort iSd EVÜ trotz Nichtantritts der Arbeit? RdW 2000/139, 160; Kozak, Betrachtungen zum Kriterium des gewöhnlichen Arbeitsortes in EVÜ und Rom I-VO, DRdA 2011, 588; Lüttringhaus, Die „engere Verbindung" im europäischen internationalen Arbeitsrecht, EuZW 2013, 821; Lüttringhaus/Schmidt-Westphal, Neues zur „einstellenden Niederlassung" im europäischen internationalen Arbeitsrecht, EuZW 2012, 139; Winkler v. Mohrenfels, Zur objektiven Anknüpfung des Arbeitsvertragsstatuts im internationalen Seearbeitsrecht: gewöhnlicher Arbeitsort, Flagge und einstellende Niederlassung, EuZA 2012, 368.

III. Vertragsdauer

1.

Das Arbeitsverhältnis wird *mit* dem Arbeitsvertrag begründet, weshalb die Arbeit unverzüglich, dh ohne unnötigen Aufschub aufzunehmen ist.[44] Setzen wir ein Datum für den Arbeitsantritt fest, haben wir das Austauschverhältnis *aufschiebend* befristet, wobei wir bei Nichtantritt den Rücktritt vom Vertrag vorsehen können, indem wir bekunden, dass an der späteren Aufnahme der Arbeit kein Interesse besteht – sog *Fix*-Arbeitsverhältnis.[45]

Machen wir das Beschäftigungsverhältnis vom Eintritt eines ungewissen Ereignisses abhängig, ist es dadurch aufschiebend *bedingt*, zB durch die Erteilung einer behördlichen Bewilligung, die Zusage einer Projektförderung.[46] Hierbei weiß man weder, *wann* es beginnt, noch *ob* es überhaupt beginnen wird – dies ist bedenklich und könnte gegen gute Sitten verstoßen, wofern dieser Schwebezustand nicht entlohnt wird und nicht absehbar ist, wann die Bedingung – falls sie eintritt – eintreten müsste.[47]

Beginnt die Pflicht zum Austausch der Hauptleistung: Arbeit und Entgelt erst später, so ist nicht außer Acht zu lassen, dass bereits Nebenpflichten bestehen können.

---

[44] §§ 904, 1417 ABGB.

[45] §§ 30 ff AngG, §§ 918, 919 sowie 1162a, 1162b ABGB. Vgl Binder, Auflösungsmöglichkeiten der arbeitsvertraglichen Beziehungen im „Vor-Arbeitsstadium", in FS Floretta (1983), 329.

[46] Im Detail s die 6. Klausel im ZellHB AV-Klauseln, von Mair; und vgl Binder, Irrtumsanfechtung, Rücktritt und Eintritt einer Resolutivbedingung als besondere arbeitsvertragliche Beendigungsformen, in FS Barta (2009), 121; Kramer, Hauptprobleme des befristeten und resolutiv bedingten Arbeitsverhältnisses, DRdA 1973, 159.

[47] Vgl OGH 1.9.1999, 9 ObA 139/99b.

2.

Im Dienstzettel ist der Beginn der Beschäftigung anzuführen,[48] wo *mit* idR und daher im Zweifel *bei* vereinbarter Erprobung der *Probemonat* zu laufen beginnt, der den Vertragsteilen erlaubt, ihr Arbeitsverhältnis jederzeit – ohne Gründe dafür angeben zu müssen, aber auch ohne dabei zu diskriminieren – zu lösen.[49]

Wird das Arbeitsverhältnis auf bestimmte *Zeit* eingegangen, so ist sein Ende anzugeben; ist es auflösend befristet, so endet es mit Zeitablauf.[50] Eine Verlängerung der Laufzeit ist nur dann nicht zu beanstanden, wenn es eine sachliche Rechtfertigung dafür gibt, widrigenfalls eine *Kettenbefristung* vorliegt, die *ein* unbefristetes Arbeitsverhältnis zur Folge hat.[51]

Anders als bei der Befristung ist bei der *Resolutivbedingung* ungewiss, *ob* sie eintritt, weshalb sie nur dann als zulässig gilt, wenn die Unsicherheit dadurch reduziert wird, dass feststeht, *wann* Gewissheit bestehen wird;

---

[48] § 2 Abs 2 Z 3 **AVRAG**.

[49] § 19 Abs 2 AngG, § 1158 Abs 2 ABGB. Vgl Löschnigg, Schwangerschaft und Beendigung des Probedienstverhältnisses, ecolex 2004, 199; Rauch, Auflösung während der Probezeit wegen Schwangerschaft anfechtbar, ASoK 2005, 392; Rauch, Probezeit bei weiterem Arbeitsverhältnis, ASoK 2011, 347; Rück, Arbeitgebereinseitige Probezeiten? RdW 2014/522, 470.

[50] 2 Abs 2 Z 4 AVRAG, § 19 Abs 1 AngG, § 1158 Abs 1 ABGB. Vgl Gerhartl, Befristete Arbeitsverhältnisse: Bestimmtheitserfordernisse, RdW 2014/523, 473.

[51] Vgl Pfeil, Zur Zulässigkeit von Kettenarbeitsverträgen, DRdA 1985/7, 126; Pfeil, Relative Teilnichtigkeit von Kettenarbeitsverträgen, DRdA 1987/22,452; Resch, Die Zusammenrechnung unterbrochener Arbeitsverträge – kein Problem der Kettenarbeitsvertragsjudikatur, DRdA 2009, 387.

ob der Arbeitnehmende selbst den Zeitpunkt beeinflussen können muss, ist fraglich – wird der Eintritt allein von seinem Willen abhängig gemacht, scheint dies unbedenklich.[52]

Während *unbefristete* Arbeitsverhältnisse durch Kündigung beendet werden können, schließt die Befristung die Kündigung aus, außer sie wäre als *Höchstbefristung* konzipiert: Befristung *mit* einer Kündigungsmöglichkeit, die angemessen sein muss.[53] Eine bloße Auslaufmitteilung ist jedenfalls *keine* Kündigung.[54]

Ein für länger als fünf Jahre vereinbartes Arbeitsverhältnis kann vom Arbeitnehmenden nach Ablauf von fünf Jahren unter Einhaltung einer Frist von sechs Monaten gekündigt werden.[55]

---

[52] Vgl Reiner, Vereinbarung einer Resolutivbedingung im aufrechten Arbeitsverhältnis, ZAS 2007/44, 275; Schrammel, Resolutivbedingung im Arbeitsverhältnis, ZAS 1984, 221.

[53] Vgl Band, Befristeter Arbeitsvertrag mit Kündigungsmöglichkeit – Gibt es Grenzen bei der Kombination von Befristung und Kündigungsklausel? Zugleich eine Besprechung von OGH 27.8.2003, 9 ObA 43/03v und OGH 24.6.2004, 8 ObA 42/04s, ZAS 2004/47, 270; Egger, Die Beendigung von befristeten Arbeitsverhältnissen im Lichte der Rechtsprechung, wbl 1993, 33; Geist, Kündigungsklauseln bei befristeten Arbeitsverhältnissen, ÖJZ 2002, 405; Tomandl, Höchstbefristung: Eine andere Sichtweise, ZAS 2004/48, 276.

[54] Vgl Holzer, Sog Nichtverlängerungserklärung – keine Kündigung, DRdA 2004/4, 41; Jabornegg, Verlängerungsautomatik bei Leistungsbefristung, DRdA 2000/1, 26; Jabornegg, Befristete Verträge von Profisportlern mit Verlängerungsklauseln, in Resch/Trost, Arbeits- und sozialrechtliche Fragen des Profisports (2005), 129; Reissner, Abfertigung bei Nichtverlängerungserklärung des Berufsfußballers – Zulässigkeit von Kettenarbeitsverträgen, ZAS 2000/16, 149; Egger, Die Beendigung von befristeten Arbeitsverträgen im Lichte der Rechtsprechung, wbl 1993, 33; Geist, Kündigungsklauseln bei befristeten Arbeitsverhältnissen, ÖJZ 2002, 405; Gerhartl, Kündigung trotz Befristung, ecolex 2015, 142; Mayer, Kündigung von befristeten Arbeitsverhältnissen, RdW 1986, 64; Reissner, Befristung und Kündigungsvereinbarung, ZAS 1995, 193; Trattner, Kündigung bei befristeten Arbeitsverhältnissen? ASoK 2000, 101.

[55] § 21 AngG, § 1158 Abs 3 ABGB.

3.

Wenn das Arbeitsverhältnis durch Kündigung beendet werden kann, dann hat der Dienstzettel über Kündigungsfrist und über Kündigungstermine Auskunft zu geben.[56]

Ist das Arbeitsverhältnis auf unbestimmte Zeit eingegangen worden, können wir es formfrei aufkündigen, soweit dies nicht gesetzlich, kollektivvertraglich oder im *vorgegebenen* Rahmen einzelarbeitsvertraglich eingeschränkt ist.[57]

Mangels einer für einen angestellten Menschen günstigeren Vereinbarung kann die Arbeitgebende den Arbeitsvertrag unter Einhaltung einer Frist von wenigstens sechs Wochen, die sich mit dem Dienstalter verlängert, zum Kalendervierteljahresende beenden, wobei überdies der Fünfzehnte oder Monatsletzte als Termine vereinbart werden dürfen.[58] *Vor*dienstzeiten können arbeitsvertraglich angerechnet werden – hierzu wie (über die Vorgaben hinaus) zB mit Bezug zu Urlaub oder Krankenstand.[59]

Der Angestellte kann das Arbeitsverhältnis unter Einhaltung einer Frist von einem Monat zum Letzten des Kalendermonats kündigen, wiewohl eine günstigere Abrede *oder* die nachteilige Fristausdehnung bis zu einem halben Jahr möglich ist; letztere Abrede nur, falls die Frist der Arbeitgebenden nicht kürzer ist.[60]

---

[56] § 2 Abs 2 Z 5 AVRAG.

[57] Im Detail s die 10. Klausel im ZellHB AV-Klauseln, von Tinhofer. Vgl Binder, Eine fehlerhafte Kündigung, DRdA 1980, 231; Dungl, Die Kündigung während des Urlaubs (1985).

[58] § 29 Abs 2, Abs 3 AngG. Vgl Holzer, Irrtumsanfechtung bei zeitwidriger Kündigung im Arbeitsverhältnis, JBl 1985, 82; Rech, Grenzen privatautonomer Disposition über das Auflösungsrecht des Arbeitnehmers, ZAS 1991, 4.

[59] Vgl Gerhartl, Vordienstzeiten und Beschäftigungsausmaß, ASoK 2018, 294; Krömer, Zeitlich begrenzte Anrechnung von Vordienstzeiten, ZAS-Judikatur 2019/105, 319; Gruber, Die Anrechnung von Vordienstzeiten, ÖZPR 2015/81, 132.

[60] § 20 Abs 3 AngG.

Zeitwidrige Kündigung hat den Anspruch auf Entschädigung zur Folge, wenn und weil sie den Vertrag widerrechtlich löst.[61]

4.

Vertraglich kann die Kündigung vonseiten der Arbeitgebenden *ausgeschlossen* – Definitivstellung – oder durch die Bindung an bestimmte Gründe oder an eine Form *eingeschränkt* werden.[62] Die Gültigkeit der Kündigung kann jedoch nach hM nicht an die Zustimmung des Betriebsrates geknüpft werden.[63]

Neumayr hält die Einschränkung des Kündigungsrechts des Arbeitnehmenden einem Günstigkeitsvergleich mit dem Gesetz für zugänglich, obwohl § 3 Abs 2 ArbVG den Gruppenvergleich, den er hierbei im Sinn hat, im Verhältnis zum Kollektivvertrag, *nicht* hingegen zum Gesetz vorsieht.[64]

Eine Erweiterung der Entlassungs- oder Austrittsgründe ist, soweit sie nicht gesetzlich abschließend aufgelistet sind, nur im Sinne einer Konkretisierung der *gesetzlichen* Wertung über die wichtigen Gründe für eine vorzeitige Auflösung gestattet.[65]

---

[61] Vgl W. Schwarz, Zeitwidrige Kündigung und Wissenserklärungen im Arbeitsrecht, ÖJZ 1984, 617.

[62] Im Detail s die 11. Klausel im ZellHB AV-Klauseln, von Neumayr. Vgl Mazal, Zum Zeitplan der Kündigung bei Kündigungsverboten, RdW 1986, 46.

[63] Vgl Pfeil in Schwimann/Kodek, Bd V^4 ABGB, §§ 1159 bis 1159c Rz 2.

[64] Neumayr in ZellHB AV-Klauseln Rz 11.13 f. Vgl Firlei, Das Problem der Objektivierung des Günstigkeitsvergleichs im österreichischen und deutschen Arbeitsverfassungsrecht, DRdA 1981, 1.

[65] §§ 82, 82a GewO 1859, §§ 26, 27 AngG. Vgl Rauch, Die „automatische" Beendigung des Arbeitsverhältnisses, ASoK 2000, 302; Haider, Beendigungsansprüche von Arbeitnehmern in der Insolvenz des Arbeitgebers, JAP 2010/2011/4, 33; Sundl, Insolvenz- und Arbeitsrecht, in Nunner-Krautgassner et al, Insolvenz- und Sanierungsrecht (2013, JB 2013), 193; Konecny, Vorzeitiger Austritt im Konkurs wegen eines Entgeltrückstands, ZIK 1996, 146.

5.

Das Arbeitsverhältnis wird einvernehmlich begründet und kann einvernehmlich aufgehoben werden.[66] Mitunter sind Vorgaben zur Form zu berücksichtigen, zB nach MSchG, APSG und BAG.[67]

Verlangt der Arbeitnehmende *davor* eine Beratung mit dem Betriebsrat, kann für zwei Arbeitstage kein Aufhebungsvertrag rechtswirksam vereinbart werden.[68]

Häufig wird der einvernehmlichen Auflösung eine Erklärung, *keine* Beratung in Anspruch nehmen zu wollen, beigefügt oder ggf eine Bescheinigung beigelegt, zuvor rechtsförmlich belehrt worden zu sein,

uU entbindet die Arbeitgebende ihren Arbeitnehmenden von der vereinbarten Konkurrenzklausel oder verzichtet hierbei auf die Rückforderung der aufgebrachten Ausbildungskosten.[69]

---

[66] Vgl Pacic, Die einvernehmliche Auflösung des Arbeitsvertrags im Rechtsvergleich, ZfRV 2007/28, 187; Riedler, Anfechtung einer einvernehmlichen Auflösung, DRdA 1994/39, 414; Ruß, Die einvernehmliche Auflösung von Arbeitsverhältnissen (2016); Spitzl, Einvernehmliche Auflösung im Krankenstand, ecolex 2002, 195; Trattner, Einvernehmliche Auflösung von Dienstverhältnissen: Keine Bindung an Termine oder Fristen, ASoK 1999, 259.

[67] Vgl zB Eibensteiner, Einvernehmliche Auflösung und Mutterschutz, ecolex 1995, 733; Ernst, Die rechtmäßige Beendigung des Arbeitsverhältnisses eines begünstigten Behinderten ohne Zustimmung des Behindertenausschusses, DRdA 1997, 1; Gittenberger, Schriftlichkeit bei der vorzeitigen Auflösung eines Lehrverhältnisses, DRdA 2008, 68; Rauch, Formvorschriften bei der Auflösung eines Lehrverhältnisses, ASoK 2007, 336.

[68] § 104a ArbVG. Vgl Lindmayr, Die Sperrfrist des § 104a ArbVG bei einvernehmlicher Auflösung des Dienstverhältnisses, ARD 6438/6/2015, Mosler, Die „Mitwirkung" des Betriebsrats bei der einvernehmlichen Auflösung des Arbeitsverhältnisses, wbl 1987, 285.

[69] Im Detail s die 13. Klausel im ZellHB AV-Klauseln, von Knallnig-Prainsack.

Heben die Arbeitsvertragsparteien ihr Vertragsverhältnis auf und kommen *zugleich* überein, es später neu zu begründen, so haben sie es nicht nur unterbrochen, dh nicht bloß Entgelt- und Arbeitspflicht zum Ruhen gebracht, sondern *beendet*, wiewohl diese *Aussetzung* der Beschäftigung mit der Vereinbarung oder Zusicherung der Begründung eines neuen Arbeitsverhältnisses einhergeht.[70]

Dem Arbeitnehmenden kann zur Kenntnis gebracht werden, dass Schadenersatz beansprucht werden könnte, falls er nicht wie vereinbart seinen Dienst antritt; stellt er aber einen Antrag auf Arbeitslosengeld und findet eine neue Beschäftigung in der Zwischenzeit, hat er die Arbeitgebende ehestmöglich darüber zu informieren, dass er – allenfalls – von der Wiedereinstellung Abstand nimmt.[71]

---

[70] Im Detail s die 14. Klausel im ZellHB AV-Klauseln, von Pacic. Vgl Brodil, Aussetzungsvereinbarungen aus arbeits- und sozialrechtlicher Sicht – Betrachtungen zur Unterbrechung des Arbeitsverhältnisses und § 9 AlVG, ZAS 1996, 37; Grafeneder, Aussetzungsvereinbarungen in Verbindung mit Wiedereinstellungszusagen, PVInfo 2007 H 3, 28; Jöst, Wiedereinstellungszusage und Betriebsübergang, ZAS 2001/10, 84; G. Klein, Zur „Aussetzung" des Arbeitsvertrages, DRdA 1983, 247; Marhold, Arbeits- und sozialrechtliche Probleme der Aussetzungsverträge, RdW 1984, 246; Mosler, Aussetzungsverträge und Anrechnung der Aussetzungszeiten, RdW 1986, 309; Rauch, Unterbrechung von Arbeitsverhältnissen und Wiedereinstellungsvereinbarung, ASoK 2004, 195; Resch (Hrsg), Karenzierung und Aussetzung des Arbeitsvertrages (2002); Runggaldier, Grenzen und Möglichkeiten der Aussetzung des Arbeitsvertrages, DRdA 1986, 274.
[71] § 9 Abs 5 AlVG. Vgl Gerhartl, Theorie und Praxis der Aussetzungsverträge, ASoK 2009, 198.

IV. Dienstleistung

1.

Der gewöhnliche *Arbeitsort* – allenfalls ergänzt um den Hinweis auf wechselnde Einsatzorte – und die vorgesehene betriebliche *Verwendung* (Funktion, Tätigkeit) des Arbeitnehmenden sind im Dienstzettel anzugeben.[72]

Typischerweise haben Arbeitnehmende die Arbeit in eigener Person zu leisten und ist der Anspruch auf zu leistende Dienste nicht übertragbar; soweit über ihre *Art* und den *Umfang* nichts vereinbart ist, sind (getreu der Übung des redlichen Verkehrs) umstandsbedingt *angemessene* Dienste zu leisten.[73]

Die *generelle* Befugnis, sich nach freier Auswahl vertreten zu lassen – *ohne* Rücksprache mit dem Vertragspartner – steht im Widerstreit mit der persönlichen Abhängigkeit, gleich *wie* zB die Befugnis, Arbeitsaufträge *sanktionslos* ablehnen zu dürfen.

Art und Umfang der Dienste richten sich nach Treu und Glauben: nach dem Vertrag, *ergänzend* nach hypothetischem Parteiwillen rücksichtlich der Übung des redlichen Verkehrs.[74]

---

[72] § 2 Abs 2 Z 6 und Z 8 AVRAG. Vgl Gerlach, Neues zum Arbeitsort? ecolex 2001, 131; Brodil (Hrsg), Entgrenzte Arbeit (2016); Wachter, Grenzen des Weisungsrechts in Bezug auf Art und Ort der Tätigkeit, DRdA 2001, 495.

[73] § 1153 ABGB. Vgl Naderhirn, Arbeitnehmerbegriff und Vertretungsbefugnis, RdW 2004, 422; Rebhahn, Dienstnehmerbegriff und persönliche Abhängigkeit bei Vertretungsbefugnis, wbl 1998, 277; Firlei, Der praktische Fall: Ein langsamer Arbeitnehmer, DRdA 1979, 226.

[74] § 914 ABGB.

Gleiches gilt für den Arbeitsort; bei Betriebsverlegung kann den Arbeitnehmenden – soweit es ihm zumutbar ist – auf *dieser* Grundlage eine sog Folgepflicht treffen.[75]

2.

Eine *Versetzung*, mithin dauernde Einreihung auf einen örtlich, zeitlich oder inhaltlich erheblich veränderten, dh einen *anderen* Arbeitsplatz, ist durch Weisung (direktorial) nur dann zulässig, wenn sie vertragskonform ist; zu diesem Zweck kann sich die Arbeitgebende im Arbeitsvertrag die Versetzung *vorbehalten*.[76]

Hierbei bietet sich auch die Vorwegnahme angemessener Entgeltanpassung an.[77]

Geht eine für länger als 13 Wochen angedachte Versetzung mit einer Kürzung des Entgelts oder der Verschlechterung von Arbeitsbedingungen einher, so bedarf sie der Zustimmung des Betriebsrates oder einer gerichtlichen Bewilligung, die nur bei sachlicher Rechtfertigung erteilt wird.[78]

---

[75] Vgl Trattner, Folgepflicht bei Betriebsverlegung, SWK 9/1995, B 10; Goricnik, Zur Folgepflicht des AN bei Betriebsverlegung, RdW 2000 /519, 547; Goricnik, Mitwirkungsrechte des Betriebsrats bei Betriebsverlegung, wbl 2001, 106; Reissner, Arbeitsrechtliche Probleme im Zusammenhang mit Ausgliederung und Standortverlagerung, DRdA 2002, 248.

[76] Vgl Kietaibl, Die Versetzung aus arbeitsvertraglicher Sicht, ZAS 2005/ 11, 51. Resch (Hrsg), Der Arbeitnehmer als Schachfigur des Arbeitgebers (2012).

[77] Reissner in ZellHB AV-Klauseln Rz 15.38.

[78] § 101 ArbVG. Vgl Schrammel, Die Verschlechterung der Entgelt- und sonstigen Arbeitsbedingungen beim Versetzungsschutz, ZAS 1978, 203; Gerhartl, Verschlechternde Versetzung bei Änderung des Tätigkeitsbereichs, ASoK 2018, 380; Andexlinger, Versetzung und Austrittsrecht, DRdA 1992, 395; Drs, Versetzungsschutz bei veränderter Arbeitszeit? RdW 2000/258; Holzer, Einige Strukturfragen personeller Mitbestimmung, ZAS 1982, 3.

Das Mitwirkungsrecht des Betriebsrates besteht auch bei der *Änderungskündigung*, die nur für den Fall erklärt wird, dass der Arbeitnehmende mit einer angebotenen Vertragsänderung nicht einverstanden sein sollte, sofern er in die Anpassung des Vertrages einwilligt, welche mit einer Versetzung einhergeht.[79]

Reissner bemerkt, es könnte sinnvoll sein, Arbeitnehmende zu verpflichten, sich im Bereich ihrer Verwendung angemessen fortzubilden; uU auch Mitarbeiter/innen oder Nachfolger/innen einzuschulen.[80]

3.

Hat der Arbeitnehmende seine Tätigkeit länger als einen Monat im Ausland zu verrichten, so hat der ihm vor dieser *Entsendung* auszuhändigende Dienstzettel oder schriftliche Arbeitsvertrag die voraussichtliche Dauer der Auslandstätigkeit; die Währung, in der das Entgelt auszuzahlen ist; allenfalls Bedingungen für die Rückführung nach Österreich und eine allfällige zusätzliche Vergütung (Entgelt, Aufwand) zu enthalten.[81]

Die Entsendevereinbarung kann mit zeitweisem Ruhen oder einer zwischenzeitigen Aussetzung der Beschäftigung auf Basis der Bedingungen im Arbeitsvertrag *und* mit oder ohne Wechsel der Arbeitgebenden einhergehen;

---

[79] Vgl Schrammel, Die Mitbestimmung des Betriebsrates bei Versetzung und Änderungskündigung, ZAS 1995, 203; Strasser, Zur Problematik der sogenannten Änderungskündigung, DRdA 1988, 1.

[80] Reissner in ZellKomm AV-Klauseln Rz 15.33.

[81] § 2 Abs 3 AVRAG. Vgl Pfeil, Grenzüberschreitender Einsatz von Arbeitnehmern, DRdA 2008, 3, 124; Schrenk, Arbeitsverträge mit Auslandsbezug, taxlex 2006, 240.

die Dauer hat einen Einfluss auf das jeweils anwendbare Arbeits-, Sozial- und Steuerrecht.[82]

Burger weist auf die Sinnhaftigkeit von Gehaltsanpassungen bei Wechselkursschwankungen, der Regelung des Gehalts und der Verwendung nach Rückkehr, der Aufwandsentschädigung (für Reise, Wohnen, Umzug, soziale Anbindung, Versicherung) und von (steuerlastbedingten) Nettolohnvereinbarungen hin.[83]

---

[82] Im Detail s die 16. Klausel im ZellHB AV-Klauseln, von F. G. Burger. Vgl Steiger, Personalentsendung im SV-Recht, taxlex 2006, 559; Tinhofer, Entsendung und anwendbares Recht, ZAS 2017, 127; Windisch-Graetz, Grenzüberschreitende Arbeitsverhältnisse im Spannungsfeld von Rom I und Entsenderichtlinie, ZfRV 2015/24, 192; Niksova, Entsenderichtlinie neu: „Gleiches Entgelt für gleiche Arbeit am gleichen Ort“? Änderungen der Entgeltvorschriften in der EntsendeRL neu, ZAS 2019, 152; Niksova, Das deutsche Mindestlohngesetz in grenzüberschreitenden Sachverhalten, ZAS 2016, 156; Niksova, Kollisionsrechtliche Anknüpfung der Bestimmungen über den allgemeinen Kündigungsschutz, ZAS 2013, 18; Niksova, Die Entsendung im Sozialversicherungsrecht, DRdA 2020, 522; Windisch-Graetz, Grenzüberschreitende Beschäftigung im Transportgewerbe, DRdA 2013, 13.

[83] ZellHB AV-Klauseln Rz 16.23 ff. Vgl Bendlinger, Steuerausgleichstechniken bei Auslandsentsendungen, VWT 2015, 106; Binder, Die Arbeitnehmerentsendung aus EU-EWR-Staaten nach Österreich unter besonderer Berücksichtigung eines möglichen Sozialdumpings, DRdA 1999, 1; Jabornegg, Arbeitsvertragsrecht im Konzern, DRdA 2002, 3, 118; Karl, Grenzüberschreitende Entsendungen, ZAS 2015/32, 196; Ludwig, Berücksichtigung einer „Hypotax“ bei einer Entsendung, SWI 2013, 411; Ryda, Die steuerliche Beurteilung der Hypotax im Rahmen von Konzernentsendungen, FJ 2001, 306; Schwimann, Grenzüberschreitender Wechsel des Beschäftigungsortes und arbeitsrechtliche Eingriffsnormen, ebl 1994, 217; Shubshizky, Berücksichtigung einer „Hypotax“ bei Entsendungen, ASoK 2013, 405.

4.

Die Überlassung einer Arbeitskraft zur Dienstleistung an Dritte (Leiharbeit) ist nur nach Abschluss einer Vereinbarung erlaubt, die alle nötigen Inhalte nach § 11 AÜG aufweist und keine der dort genannten verbotenen Klauseln enthält,

wie zB jene, wonach der Arbeitgebenden bei vereinbarter Teilzeitbeschäftigung das Recht zur Anordnung regelmäßiger Mehrarbeit einräumt wird; oder eine solche, die den Anspruch auf Entgelt auf die Dauer der Beschäftigung im Betrieb des den Arbeitnehmenden beschäftigenden Dritten einschränken.[84]

Obwohl zwischen dem Arbeitnehmenden (der Arbeitskraft) und dem Dritten kein arbeits*vertrag*liches Verhältnis besteht, haben sie *abgeleitete* Treue- und Fürsorgepflichten zu wahren, weshalb es *Tinhofer* für unbedenklich hält, Verschwiegenheits- und Sorgfaltspflichten untereinander zu konkretisieren;[85]

---

[84] Vgl Brodil/Dullinger, Zur Abgrenzung von Werkvertrag und Arbeitskräfteüberlassung, Eine Annäherung an § 4 Abs 2 AÜG aus unionsrechtlicher Sicht, ZAS 2017, 4; Bruckmüller, Zugang zu Wohlfahrtseinrichtungen und -maßnahmen für überlassene Arbeitskräfte, ecolex 2013, 549; Bruckmüller/Zehentmayer, Was sind „sonstige verbindliche Bestimmungen allgemeiner Art"? ecolex 2013, 679; Dirschmied, Probezeit und Entgeltanspruch bei Arbeitskräfteüberlassung, DRdA 1992, 158; Gahleitner, Arbeitskräfteüberlassung und Betriebsübergang, DRdA 1994, 380; Krömer, Entsendung oder grenzüberschreitende Arbeitskräfteüberlassung? ecolex 2016, 660; Krömer, Arbeitskräfteüberlassung reloaded, ecolex 2017, 1187; Marhold, Betriebsvereinbarungen für überlassene Arbeitnehmer, ASoK 2008, 251; Mazal, Karenzierungsvereinbarungen bei Arbeitskräfteüberlassung, RdW 1989, 226; Mazal, Zur Zulässigkeit der Subüberlassung, ecolex 2001, 256.Sacherer/Schöll, Gelegentliche Arbeitskräfteüberlassung – Wann und in welchem Umfang ist das AÜG anwendbar? RdW 2005, 492; Schörghofer, Grenzfälle der Arbeitskräfteüberlassung (2015); Windisch-Graetz, Internationale Vermittlung von Solounternehmern, ZAS 2018/37, 219.
[85] ZellHB AV-Klauseln Rz 17.25.

sie zu *verstärken*, zB durch Vertragsstrafe, wird wohl nur insoweit zulässig sein, als keine unbillige (finanzielle) Belastung für die überlassene Arbeitskraft entsteht.[86]

5.

Wer Leitungs- oder Aufsichtstätigkeiten wahrnimmt, wir uU mit der *Mandatsübernahmeklausel* zur Übernahme von (weiteren) Organfunktionen bei gleichbleibendem Entgelt verpflichtet: im Vorstand, als Geschäftsführer, im Aufsichts- oder Beirat, *nicht* als gewerberechtlicher Geschäftsführer; arbeitsrechtlich, *nicht* gesellschaftsrechtlich.[87]

Eine Schad- und Klagloshaltung ist zwar dem Grunde nach zulässig, doch gilt eine uneingeschränkte Haftungsfreistellung als sittenwidrig, um eine *sorglose* Ausübung der Organfunktion hintanzuhalten.[88] Manche Arbeitgebende schließen zugunsten der Arbeitnehmenden eine D&O Versicherung ab.[89]

---

[86] Vgl § 11 Abs 3 AÜG.
[87] Im Detail s die 18. Klausel im ZellHB AV-Klausel, von Hruška-Frank.
[88] Hruška-Frank in ZellHB AV-Klauseln Rz 18.22. Vgl Hainz, Dienstnehmerhaftpflichtgesetz und Organfunktionen, FS Reich-Rohrwig (2014), 365; Jabrornegg, Entlassung eines Vorstandsmitgliedes einer abhängigen Aktiengesellschaft, DRdA 2009/45, 497; Kossak, Die Haftung der Vereinsfunktionäre (2004); Lang/A-Weber, Koppelungsklauseln in Vorstandsverträgen, Der „wichtige Grund" im Arbeits- und Gesellschaftsrecht, ecolex 2017, 428; Schordan, Neues zur Sorgfalt und Haftung von Aufsichtsratsmitgliedern, ecolex 2003, 763; Steinacker, Haftung der Organwalter (2019).
[89] Hruška-Frank in ZellHB AV-Klauseln Rz 18.34.

Leitende Angestellte, die mit gewisser Anordnungsbefugnis ausgestattet sind, können bei (nachweislicher) Zustimmung für einen abgegrenzten Bereich zu *verantwortlichen Beauftragten* bestellt werden; sie haften dann für verwaltungsstrafrechtliche Übertretungen.[90]

6.

Verlässt der Arbeitnehmende über Auftrag der Arbeitgebenden vorübergehend seinen Arbeitsort (Dienstort; die Arbeitsstätte), um an einem anderen Ort seine Arbeitsleistung zu erbringen, so wird dies als *Dienstreise* (im weitesten Sinne) bezeichnet.[91]

Radner bemerkt, dass Klauseln über die Verpflichtung und Abgeltung von Dienstreisen – abgesehen von der Einbeziehung in All-in-Vereinbarungen – eher selten; weitaus häufiger seien Klauseln über den Ersatz des Reiseaufwands (Kilometergeld, Taggelder, Nächtigungsgeld) und die kostengünstige Nutzung öffentlicher Verkehrsmittel.[92]

---

[90] Im Detail s die 19. Klausel im ZellHB AV-Klausel, von Völkl-Posch. Vgl Rotter, Leitender Angestellter nach dem ArbInspG, ecolex 1995, 575; Stärker, Die verwaltungsstrafrechtliche Verantwortlichkeit im Unternehmen, ecolex 1998, 150; Thienel, Der Beginn der Rechtsstellung verantwortlich Beauftragter nach § 9 VStG, ZfV 1993; Thienel, Verantwortliche Beauftragte – ambivalente Neuregelung im ArbIG, ecolex 1993, 763; Rauch, Der verantwortliche Beauftragte im Arbeitsrecht, ASoK 2018, 95; Mertinz, Der verantwortliche Beauftragte nach § 24 LSD-BG, PV-Info 6/2019, 14.

[91] § 20b Abs 1 AZG. Vgl Burger, Arbeitszeit- und Entgeltrecht bei kurzzeitigen Auslandsdienstreisen, ZAS 2012/2, 4; Gerhartl, Reisezeiten als Arbeitszeiten, ASoK 2007, 25; Gerlach, Dienstreisen mit dem Flugzeug als arbeitsrechtliches Problem, FS Cerny (2011) 189; Grillberger, Die Dienstreise als arbeitsrechtliches Problem, DRdA 1986, 265; Hutter, Die arbeitszeitrechtliche Behandlung der Reisezeit, ecolex 2009, 155; Kemetter, Arbeits- und sozialrechtliche Aspekte der Dienstreise, ecolex 2008, 716; Rauch, Die Dienstreise, ASoK 2010, 128.

[92] Im Detail s die 20. Klausel im ZellHB AV-Klauseln (Rz 20.14 ff).

Dienstreisen mit dem privaten Pkw des Arbeitnehmenden bergen für die Arbeitgebende ein Haftungsrisiko, das sie nicht selten durch die Übernahme der Kosten für Kaskoversicherung abzufedern versucht.[93]

7.

Geht ein Betrieb (Unternehmen, Betriebsteil) als wirtschaftliche Einheit auf eine andere Inhaberin über, so tritt diese als mit allen Rechten und Pflichten in die im Zeitpunkt des Überganges bestehenden Arbeitsverhältnisse als Arbeitgebende ein.[94]

Der *Betriebsübergang* darf weder der tragende Grund einer Kündigung noch einer für die Arbeitnehmenden ungünstigeren Arbeitsvertragsänderung sein.[95] Auch *Zurückbehaltungs- und Überlassungsklauseln*, wonach das Arbeitsverhältnis zur alten Inhaberin erhalten und der Arbeitnehmende zur Dienstleistung an die neue Inhaberin überlassen werden soll, müssen einem *Günstigkeitsvergleich* standhalten.[96]

Sachlich gerechtfertigte direktoriale Versetzungen sind auch in zeitlicher Nähe zum Betriebsübergang nicht ausgeschlossen.

---

[93] Radner in ZellHB AV-Klauseln Rz 20.24 ff. Vgl Gerhartl, Schäden am dienstnehmereigenen Kraftfahrzeug, ASoK 2013, 56; Jann, Dienstreise mit Privat-PKW: Schadenersatz steuerpflichtig? ecolex 1993, 847; Löschnigg/Reissner, Arbeitgeberhaftung für Sachschäden auf der Dienstreise, ecolex 1991, 110.

[94] § 3 Abs 1 AVRAG. Vgl Jöst, Der Betriebsübergang, Europarechtliche Vorgaben und deren Umsetzung (2004).

[95] Vgl Kietaibl, Gestaltungsmöglichkeiten im Zusammenhang mit Betriebsübergängen, ZAS 2010, 108.

[96] Vgl. Gahleitner, Arbeitskräfteüberlassung und Betriebsübergang, DRdA 1994, 380; Kreil, Betriebliche Übung und Arbeitskräfteüberlassung im Konzern anstelle eines Betriebsübergangs, DRdA 2012, 325; Kürner, Auflösung des Arbeitsvertrages und sofortige Wiedereinstellung, DRdA 2001, 275; Risak, Probleme der Rechtsgestaltung beim Betriebsübergang, DRdA 2011, 227.

V. Arbeitszeit

Die *vereinbarte* tägliche oder wöchentliche *Normalarbeitszeit* des Arbeitnehmenden ist im Dienstzettel (oder im schriftlichen Arbeitsvertrag) anzugeben.[97] Die *gesetzliche* Normalarbeitszeit markiert als *Vollzeit* die Grenze zwischen Teilzeit auf der einen und Überstunden auf der anderen Seite.[98] Mit „Gesetz" ist *hier* das AZG gemeint.

Leitende Angestellte oder sonstige Arbeitnehmende, denen maßgebliche selbständige Entscheidungsbefugnis übertragen ist und die *deswegen* arbeitszeitautonom tätig sind, sind vom Geltungsbereich des AZG ausgenommen; der *damit* eröffnete Vertragsgestaltungsspielraum kann gleichwohl durch kollektive Rechtsgestaltung beschränkt sein.[99]

1.

Die tägliche Normalarbeitszeit liegt bei acht, die wöchentliche bei vierzig Stunden, sofern sie kollektivvertraglich nicht gekürzt oder einzelvertraglich Teilzeitbeschäftigung vereinbart wird.[100] Eine *andere* Verteilung ist nur beschränkt zulässig, zB bei einer Vier-Tage-(Arbeits-)Woche.[101]

---

[97] § 2 Abs 2 Z 11 AVRAG. Im Detail s die 22. Klausel im ZellHB AV-Klauseln, von Jöst. Vgl Cerny, Flexibilisierung der Arbeitszeit − Kollektivvertrag und Betriebsvereinbarung als Gestaltungsmittel, in Resch, Arbeitszeitrecht (2001), 27; Gleißner, Keine einzelvertragliche Mehrarbeits-Durchrcehnung von mehr als drei Monaten, ZAS 2013/53, 321;
[98] § 3 Abs 1 AZG, §§ 6, 19d AZG. Vgl Risak, Checkliste Teilzeitarbeit − Was ist bei der Vertragsgestaltung zu beachten? ZAS 2013/8, 47.
[99] § 1 Abs 2 Z 8 AZG.
[100] § 3 Abs 1 AZG.
[101] §§ 4 ff AZG.

Die Arbeitgebende behält sich idR vor, die vereinbarte *Lage* der Arbeitszeit unter Wahrung einer Vorankündigungsfrist von zwei Wochen einseitig zu ändern.[102]

Zudem wird der Arbeitnehmende idR dazu verpflichtet, die geleistete Arbeitszeit samt Pausen tagfertig aufzuzeichnen; für Arbeitnehmende, die sowohl die Lage ihrer Arbeitszeit als auch den Arbeitsort weitgehend selbst bestimmen können oder ihre Tätigkeit überwiegend zu Hause ausüben, sind ausschließlich Aufzeichnungen über die Dauer der Tagesarbeitszeit zu führen (*Saldenaufzeichnung*).[103]

2.

Bei *erhöhtem* Arbeitsbedarf sind Überstunden gestattet, aber nur insofern, als sich der Arbeitnehmende dazu verpflichtet hat oder kollektivvertraglich verpflichtet ist; für die Abgeltung kann *Zeitausgleich* vereinbart werden.[104]

Die Tagesarbeitszeit darf zwölf und die Wochenarbeitszeit 60 Stunden; die *durchschnittliche* Wochenarbeitszeit innerhalb eines Durchrechnungszeitraumes von 17 Wochen 48 Stunden nicht überschreiten.[105]

---

[102] § 19c AZG. Vgl Löschnigg, Lage und Verteilung der Arbeitszeit, DRdA 1999, 282.

[103] § 26 Abs 3 AZG.

[104] §§ 6 ff AZG. Im Details s die 25. Klausel im ZellHB AV-Klauseln, von Stärker. Vgl Eypeltauer, Nicht verbrauchtes Zeitguthaben: Verfall des Überstundenentgelts trotz anerkannter Überstundenzahl? ecolex 2014, 989; Gerhartl, Unterbricht ein Krankenstand den Zeitausgleich? Analogie zum Urlaub geboten? ASoK 2013, 357; Jöst, Die Verpflichtung des Arbeitnehmers zur Überstundenleistung, ZAS 1999, 161; Krapf/Bella, Die verweigerten Überstunden, DRdA 2002, 161.

[105] § 9 AZG. Vgl Wolf, Der 12-Stunden-Tag und das Ablehnungsrecht, ecolex 2018, 793.

Für Überstunden gebührt ein Zuschlag von 50 % oder eine Abgeltung in Freizeit, bei deren Bemessung dieser Zuschlag zu berücksichtigen ist, wohingegen für *Mehrarbeit* bei Teilzeit ein Zuschlag von nur 25 % gebührt, falls sie nicht innerhalb eines hierfür festgelegten Vierteljahres, in dem sie angefallen sind, im Verhältnis 1:1 durch Zeitausgleich ausgeglichen werden.[106]

Die *pauschale* Abgeltung von Mehr- und Überstundenarbeit ist möglich, *auch* im Rahmen einer All-Inclusive-Vereinbarung; *Jöst* rät hierbei zur begrifflichen Klärung der einzubeziehenden Entgeltbestandteile.[107]

Schließt das Entgelt als Gesamtsumme das Grundentgelt und andere Entgeltbestandteile ein und wird im Arbeitsvertrag (Dienstzettel) das Grundentgelt nicht betragsmäßig angeführt, so gebührt zwingend ortsübliches Grundentgelt, einschließlich üblicher Überzahlungen (als *Ist*-Grundgehalt/-lohn gegenüber einem etwaigen Mindestentgelt).[108]

---

[106] §§ 10, 19d Abs 3a und 3b AZG. Vgl Risak, Aktuelle Rechtsprobleme des Mehrarbeitszuschlages, ZAS 2009, 309.

[107] Im Detail s die 26. Klausel im ZellHB AV-Klauseln, von Jöst. Vgl F. G. Burger, All-in-Vereinbarungen, ZAS 2015, 105; Gerhartl, Rechtsfragen des Überstundenpauschales, ecolex 2015, 1084; Heilegger, Zur rechtlichen Zulässigkeit und Interpretation von All-in-Vereinbarungen, DRdA 2012, 17; Schirmer, Die All-In-Vereinbarung, ASoK 2017, 202; Rauch, All-In-Vereinbarung und Mehrarbeitszuschlag, ASoK 2008, 206; Rauch, PVInfo 2008 H 6, 16; Resch, All-in Vereinbarung (2010); Stärker, All-In-Vereinbarungen im Arbeitsrecht, ASoK 2003, 42; Unterrieder, All-In-Entgelt und Unterentlohnung, ecolex 2017, 283; Wolf, Überstundenpauschale und All-In-Klausel, ZAS 2003, 93; Zankel, Rechtsprobleme im Zusammenhang mit All-in-Verträgen, ASoK 2015, 58.

[108] § 2f AVRAG. Vgl Maca, Grundgehalt und All-in-Vereinbarungen, DRdA-infas 2016, 305; Peschek, Die neue All-In-Transparenz-Regel, ecolex 2016, 68; Risak, All-in-Klausel „Neu" Muster, ZAS 2016/18, 95; Schrank, Neue Grundgehaltsangabe und All-in-Klausel – nur bessere Transparenz? RdW 2016/29, 32.

3.

Teilzeitbeschäftigte dürfen wegen der *Teilzeitarbeit* gegenüber Vollzeitbeschäftigten nicht benachteiligt werden, es sei denn, dies wäre *sachlich* gerechtfertigt.[109]

Einige Teilzeitformen sind *besonders* geregelt; Elternteilzeit, Bildungsteilzeit, Pflegeteilzeit oder Altersteilzeit sind hierzu zu zählen.[110]

---

[109] § 19d Abs 8 AZG. Vgl Grißer, Arbeitszeitvereinbarungen im Teilzeitarbeitsverhältnis, DRdA 2016, 404; Hemmer, Teilzeitarbeit und Sonderzahlungen, DRdA 2012, 250; Körber-Risak, Rechtsfragen der Teilzeit, ZAS 2016, 107; Neubauer, Mehrarbeitszuschlag für Teilzeitbeschäftigte, ÖZPR 2013/120, 164; Tutschek, Teilzeitbeschäftigung: Aliquotierung von Zulagen? RdW 2014/779, 715; Wiesinger, Teilzeitbeschäftigung im BUAG, ecolex 2014, 628; Winkler, Kollektivvertragliche Durchrechnungsmodelle und Teilzeitbeschäftigung, DRdA 2015, 458.

[110] Im Detail s die 23. und die 27. Klausel im ZellHB AV-Klauseln, von Stärker bzw Radner. Vgl Brameshuber, Elternteilzeit oder Versetzung, eine Kontravalenz des Arbeitsrechts? ASoK 2016, 404; Leitner, Ausgewählte Fragen der Elternteilzeit, ecolex 2017, 347; Pfalz, Die neue Bildungsteilzeit, ecolex 2013, 815; Pfalz, Pflegekarenz und Pflegeteilzeit ab 1. 1. 2014, ecolex 2013, 1047; Schrittwieser, Vereinbarte Elternteilzeit, DRdA 2016, 146; Spitzl, Neuerungen bei der Elternarbeitszeit, ecolex 2004, 875; Stärker, Zum Recht auf Teilzeit für Beamte und Vertragsbedienstete, ASoK 2006, 330; Wagner, Anrechnung von Elternkarenz und Elternteilzeit aus gleichbehandlungsrechtlicher Sicht, ecolex 2012, 630; Wolfsgruber, ZAS 2004/36, 204; Anzenberger, Vorzeitige Beendigung geblockter Altersteilzeit, ASoK 2005, 283; Artner, Altersteilzeit: mit oder ohne 20%-Regel? PVP 2017/37, 115; Gerhartl, Eckpunkte der Altersteilzeit, PVInfo 2009 H 9, 19; Gerhartl, Rückforderung des Altersteilzeitgeldes bei vorzeitiger Beendigung, ecoelx 2012, 804; Kaun, ASoK 2003, 250; Kulmer, Vorzeitige Beendigung der Altersteilzeit im Blockzeitmodell, RdW 2009, 210; Lutz, Altersteilzeit: Kuraufenthalt und Zeitausgleich, DRdA 2010, 517; Mitter, DRdA 2003, 591; W. Müller, Probleme der Altersteilzeit, ASoK 2004, 160; Rauch, Rechtsprechung zur Altersteilzeit, ASoK 2010, 210; Schindler, Altersteilzeit, DRdA 2008/6, 45; Schrank, ZAS 2009, 784; Schrank, ZAS 2013/34, 207; Schwarz, DRdA 2006, 343; Trattner, Altersteilzeitvereinbarung, ASoK 2011, 293; Weiß, Urlaubsausmaß bei „geblockter" Altersteilzeit, RdW 2005, 364; F. Schrank/V. Schrank, Teilzeiten im Arbeitsrecht, ASoK-Spezial 2015.

Wird die Arbeitszeit auf „0" herabgesetzt, so ist bei „Ruhen" der Arbeits- *und* der Entgeltpflicht von einer *Karenz* die Rede; die Rahmenbedingungen für einige Karenzierungsformen sind besonders geregelt, so zB für Elternkarenz, Bildungskarenz und Pflegekarenz.[111]

4.

Vertrauensarbeitszeit können wir bloß als *gleitende* Arbeitszeit durch Betriebs-, subsidiär durch schriftliche Einzelvereinbarung realisieren, welche zu enthalten hat:

die Dauer der Gleitzeitperiode, den Gleitzeitrahmen, das Höchstausmaß allfälliger Übertragungsmöglichkeiten von Zeitguthaben bzw -schulden in die nächste Gleitzeitperiode sowie die Dauer und die Lage der fiktiven Normalarbeitszeit.[112]

---

[111] Vgl allg die 28. Klausel im ZellHB AV-Klauseln, von Pacic; und Pacic, Sozialstaat und Arbeitsvertrag: Familien- und sozialpolitische Aspekte der §§ 11 ff AVRAG, ZAS 2020, 179; Pacic, Arbeitsrecht im Sozialrecht, JMG 2/2020, 73.

[112] § 4b Abs 1 bis 3 AZG. Vgl Gärtner/Jöst, Neue Wege in der Gleitzeitgestaltung am Beispiel von „Mobile Working", JAS 2018, 11; Jöst, Die „neue" Gleitzeit, ecolex 2018, 796; Peitsch, Unterentlohnung: Arbeitgeberfalle Gleitzeit, ASoK 2017, 257; Risak, Vertrauensarbeitszeit – ein nach dem AZG gangbares Arbeitszeitmodell? ecolex 2005, 888; Schneller, Gleitzeit und pauschale Abgeltung von Mehrarbeit, ecolex 2013, 647; Gärtner/Boonstra-Hörwein, Modelle flexibler Arbeitszeit aus betriebswirtschaftlicher Sicht, ZAS 2011/19, 100; Gerhartl, Gleitzeit: Strategie zur Vermeidung zuschlagspflichtiger Zeitguthaben, ecolex 2005, 853; Gerhartl, Zeitguthaben am Ende der Gleitzeitperiode, RdW 2006, 293; Jöst, Gleitzeit und Durchrechnungsvereinbarungen, ZAS 2011/21, 118; Jöst/Gärtner, Neue Wege in der Gleitzeitgestaltung am Beispiel von Mobile Working, JAS 2018/11; Marhold-Weinmeier, Die Gleitzeitvereinbarung, ASoK 1998, 218; Mosig, Gleitzeit und Überstunden, ecolex 2018, 1017; Risak, Überstunden bei Gleitzeit, ASoK 2004, 307.

Die tägliche Normalarbeitszeit darf aber zehn Stunden nicht überschreiten; eine Verlängerung auf bis zu zwölf Stunden ist zulässig, falls vereinbart wird, dass ein Zeitguthaben *ganztägig* und auch in Zusammenhang mit einer wöchentlichen Ruhezeit verbraucht werden kann.[113]

Eine *Fair-use*-Klausel, die das mit der gleitenden Arbeitszeit einhergehende wechselseitige Vertrauen hervorhebt, zählt für *Jöst* zum sonstigen möglichen Inhalt der Gleitzeitvereinbarung, nebst einer *Zeitlimit*-Klausel mit *Ampelkonto* für den Auf- oder Abbau von Zeitguthaben oder -schulden, einer Klausel für den begründeten *Eingriff* in die freie Zeiteinteilung außerhalb einer allenfalls festgelegten *Kernzeit* für die Anwesenheit im Betrieb, und *Schlussbestimmungen* über die Laufzeit und die Dauer und Lage der Arbeitszeit nach dem Auslaufen der Vereinbarung.[114]

---

[113] § 4b Abs 4 und Abs 5 AZG.
[114] Jöst in ZellHB AV-Klauseln Rz 24.24 bis 24.34.

5.

Im Graubereich zwischen Arbeitszeit und Freizeit liegen Zeiten der Ruf*bereitschaft* und der passiven *Reise*zeit; aktive Reisezeit (mit Arbeitsverrichtung) und Arbeitsbereitschaft (im Betrieb) *sind* hingegen Arbeitszeit.[115]

Risak weist darauf hin, dass sich Smartphone-*Erreichbarkeit* nicht aus dem Arbeitsvertrag *ergibt*, sondern eigens vereinbart und geregelt werden müsste; es könne, müsse sich aber nicht um Rufbereitschaft handeln, und Unentgeltlichkeit würde wohl an der Inhaltskontrolle scheitern.[116]

Wir beenden an dieser Stelle den Einblick ins Arbeitszeitrecht und gelangen zur Inanspruchnahme betrieblicher Ressourcen.

---

[115] §§ 5, 5a, 12a Abs 4, 13b, 18 Abs 3, 19a, 20a AZG. Vgl Gerhartl, Tücken des Arbeitszeitbegriffs, Rufbereitschaft und Wegzeiten, ASoK 2019, 231; Bremm, Rufbereitschaft – eine alte, neue Herausforderung im betrieblichen Alltag? ÖZPR 2019/23, 36; Risak, Rufbereitschaft, ZAS 2013/57, 339; Gerhartl, Reisezeiten als Arbeitszeiten, Auswirkungen auf das Entgelt und im Arbeitszeitrecht, ASoK 2007, 25; Hutter, Die arbeitszeitrechtliche Behandlung der Reisezeit, ecolex 2009, 155; Karl, Ersatzruhezeit für Reisezeiten? ASoK 1999, 80; Steiner, Rechtsfragen der Rufbereitschaft, RdM 1997, 80; Graf-Schimek, Rufbereitschaft nach dem IT-Kollektivvertrag, ASoK 2017, 322; Grimm, Ärztliche Rufbereitschaften an Zentralkrankenanstalten nach der KAKuG-Novelle 2016, JMG 2016 H 0, 21; Drs/Jobst, Abgrenzung Arbeitsbereitschaft und Rufbereitschaft beim Spitalsarzt, RdM 2015, 204; Mayr, Was ist Rufbereitschaft? ÖZPR 2010/8, 9; Wolf, Höchstarbeitszeit bei Dienstreisen, ecolex 2016, 326; Gerhartl, Wann liegt Arbeitszeit vor? JAP 1/2019/2020/2, 37; Rauch, Wegzeit, Ruhepause und Arbeitszeit, ASoK 2012, 452.
[116] Risak, Arbeiten in der Grauzone zwischen Arbeitszeit und Freizeit, ZAS 2013/50, 296. Vgl (eingehend) Glowacka, „Immererreichbarkeit" – Vereinbarung, Verbot, Vergütung, JAS 2020, 121.

VI. Betriebsmittel

1.

Regelmäßig erfordert die Dienstleistung des Arbeitnehmenden die Inanspruchnahme von Ressourcen seiner Arbeitgebenden. Als Verfügungsbefugte über Betriebseinrichtungen und -mittel steht es ihr frei, die *betriebliche* Nutzung festzulegen, mit dem Betriebsrat auszuhandeln oder einzelvertraglich zu vereinbaren *und* die *Privatnutzung* auszuschließen, einzuschränken oder zu gestatten.[117]

---

[117] Vgl Anréewitch, Die Privatnutzung von Social Networks am Arbeitsplatz, ASoK 2015, 52; Bothe, Facebool als Gefahr für die Arbeitswelt?! ARD 6568/5/2017 (Teil 1) und 6569/4/2017 (Teil II); Brodil, Nutzung und Kontrolle von neuen Medien im Arbeitsrecht, ecolex 2001, 853; Brodil, Die Registrierung von Vermittlungsdaten im Arbeitsverhältnis, ZAS 2004/4, 17; Brodil, Die Kontrolle der Nutzung neuer Medien im Arbeitsverhältnis, ZAS 2004/28, 156; Brodil, Kontrolle und Datenschutz im Arbeitsrecht, ZAS 2009/21; Dellisch, Private E-Mail und Internet-Nutzung am Arbeitsplatz, ASoK 316; Eichmayer, Internetsucht am Arbeitsplatz und rechtliche Möglichkeiten des Arbeitgebers, RdW 2009/41, 34; Freudhofmeier, Aspekte der privaten Nutzung des Internet durch den Arbeitnehmer, taxlex 2006, 41; Gerhartl, Nutzung von Social Media im Arbeitsrecht, ASoK 2016, 369; Gerhartl, Verwendung von Betriebsmitteln für private Zwecke, ARD 6634/5/2019; Goricnik, Kontrolle der (privaten) Internetnutzung am Arbeitsplatz, DRdA 2017, 19; Kern/Schweiger, Die Bedeutung der Nutzung von Social Media im Entlassungsrecht – Dargestellt am Beispiel „Facebook", ZAS 2013/51, 302; Laimer/Mayr, Rechtsprobleme bei der Internetnutzung am Arbeitsplatz, ecolex 2003, 113; Obereder, E-Mail und Internetnutzung aus arbeitsrechtlicher Sicht, DRdA 2001, 75; K. Posch, Richtlinie zur PC-Nutzung, ZAS 2003/40, 240; Rotter, Internetzugang für Arbeitnehmer, ASoK 1999, 118; Sacherer, Datenschutzrechtliche Aspekte der Internetnutzung von Arbeitnehmern, RdW 2005, 173; Thiele, Internet am Arbeitsplatz, ecolex 2001, 613.

Oberhofer, Tinhofer und *Knallnig-Prainsack* empfehlen, die Nutzung von Hard- und Software (Internet und soziale Medien eingeschlossen), von Büro-Infrastruktur, Parkraum udgl sowie die Überlassung von Dienstautos, Mobiltelefonen, Computern etc zu regeln und auf Zugang (Sicherheit), Gebrauch (Etikette und Netiquette), Wartung und Reparatur, Kostentragung oder -teilung, Sanktionen für Missbrauch, und Melde-, Herausgabe- und Rückstellungspflichten zu achten.[118]

2.

Nutzt der Arbeitnehmende sein Privateigentum betrieblich oder wird er dazu aufgefordert (Bring Your Own Device – *BYOD*), so *bedarf* es aus Sicht der Arbeitgebenden der einzelvertraglichen Nutzungsregelung oder des Verweises auf eine Richtlinie, denn *ohne* sein Einverständnis kann *sie* nicht darüber verfügen.[119]

---

[118] Im Detail s zu alledem die Klauseln 29 bis 30 im ZellHB AV-Klauseln. Vgl Körber, Die Privatnutzung von Dienstfahrzeugen, ZAS 2005/13, 67; Mitschka/Steiner, Die Beistellungs- und Kostentragungspflicht für Arbeitskleidung, ZAS 2014/50, 304; Resch, Anspruch auf Firmenparkplatz, DRdA 2008/28, 336; Sacherer, Betriebliche Übung, Wohlfahrtseinrichtung, Parkplatz, ZAS 2008/19, 139; Tomanl, ZAS 2015/39, 244; Gerhartl, Transport des arbeitseigenen Kfz im Rahmen einer Dienstreise, ecolex 2018, 552; Rauch, Der Dienst-Pkw, ASoK 2006, 93; Rauch, Der Widerruf des Privatnutzungsrechts bei einem Dienst-PKW, ASoK 2018, 23; Resch, Schaden am Dienst-KFZ und Kaskoversicherung, DRdA 2009/3, 28; Schiemer, Dienstwagennutzung, ZAS 2005/9, 47; Spitzl/Wolfsgruber, ecolex 2007, 126; Trattner, Arbeitsrechtliche Aspekte von Dienstfahrzeugen, ASoK 2004, 260; Weiß, Private Nutzung von Dienstfahrzeugen, DRdA 2008, 531.
[119] Vgl Goricnik, Bring Your Own Device, in Brodil, Entgrenzte Arbeit (2016), 55; Huger/Laimer, BYOD und Arbeitsrecht, ecolex 2014, 303; Knyrim/Horn, Bring Your Obn Device, ecolex 2014, 307; Stella, Vereinbarung über die dienstliche Nutzung privater Smartphones, ZAS 2015/56, 333; Windisch-Altieri, Von „Bring your Own Device" (BYOD) bis „Bring your own anything" (BYOX), AnwBl 2013, 467; Zankel, Bring Your Own Device! ASoK 2013, 423.

Abgesehen von der Nutzungsregelung und einer Zuweisung von Haftungsrisiko, ist an die *Datenlöschung* bei Auflösung des Arbeitsverhältnisses und an Aufwandersatz zu denken.[120]

3.

Hat die Arbeitgebende Kosten für eine erfolgreich absolvierte *Ausbildung* aufgewendet, die dem Arbeitnehmenden spezielle Kenntnisse oder Fertigkeiten vermittelt hat, die dieser auch bei anderen Arbeitgebern verwerten kann, so kann schriftlich eine *Rückerstattung* der Ausbildungskosten vereinbart werden, um ihn an das Unternehmen zu binden.[121] Einschulungskosten sind *keine* Ausbildungskosten.[122]

---

[120] Im Detail s dazu die 32. Klausel im ZellHB AV-Klauseln, von Knallnig-Prainsack.

[121] § 2d Abs 1, Abs 2, Abs 3 Z 2 und Abs 4 AVRAG. Vgl Mosing, Alternativen zum Ausbildungskostenrückersatz, ZAS 2013/52, 310; Schneller, Rechtsfragen der betrieblichen Aus- und Weiterbildung, DRdA 2011, 407; Wolf, Rückersatz von Ausbildungskosten, ZAS 2004, 200; Trattner, Rückerstattung von Ausbildungskosten, RdW 1993, 13; Kern/Löschnigg, Rückerstattung von EDV-Ausbdilungskosten, EDV & Recht 1986 H 2, 23; Tutschek, Ausbildungskostenrückersatz bei Ausbildungsverhältnissen, JAS 2017, 410; Eypeltauer, Offene Fragen des Ausbildungskostenrückersatzes, ecolex 2007, 196; Geiblinger, Ausbildungskostenrückersatz: Pauschale Vorwegvereinbarung vs spezielle Ausbildungskostenvereinbarung, ASoK 2012, 130; Geiblinger, Wann gilt eine Ausbildung als erfolgreich absolviert im Sinne des § 2 d AVRAG? ASoK 2013, 223; Glowacka, Ausbildungskostenrückersatz trotz erfolgloser Ausbildung, ZAS 2014/44, 273; Bibro, Vereinbarung zum Rückersatz von Ausbildungskosten, ZAS 2017, 93; Petric, Rückersatz von Ausbildungskosten bei Bestehen einer gesetzlichen Fortbildungsverpflichtung, ZAS 2012/43, 235.

[122] § 2d Abs 1 zweiter (letzter) Satz AVRAG.

Die Vereinbarung ist allerdings *nichtig*, sofern die Höhe der Rückerstattungsverpflichtung nicht verhältnismäßig, berechnet für jedes zurückgelegte Monat vom Zeitpunkt der Beendigung der Ausbildung bis zum Ende der zulässigen Bindungsdauer von vier, in besonderen Fällen acht Jahren nach dem Ende der Ausbildung, vereinbart wird.[123]

Die Rückforderung von Entgelt, das im Zuge der Ausbildung *fortgezahlt* wurde, kommt lediglich dann in Betracht, wenn der Arbeitnehmende für die Dauer der Ausbildung von der Arbeit freigestellt worden ist; wie *Radner* bemerkt, ist der Rückersatz dann nicht statthaft, wenn die Ausbildung auf Anordnung der Arbeitgebenden absolviert worden ist.[124]

Oberhofer hält in Anlehnung an die Bestimmungen über den Rückersatz der Ausbildungskosten auch die Vereinbarung einer Rückerstattungspflicht für *Umzugskosten* für rechtskonform.[125]

---

[123] § 2d Abs 3 AVRAG. Vgl Resch, Grenzen für Vertragsklauseln über den Rückersatz von Ausbildungskosten, DRdA 1993, 8; Wagnest, Nichtigkeit von Ausbildungskostenrückersatzklauseln, ASoK 2009, 324.
[124] Radner in ZellHB AV-Klauseln Rz 34.47. Vgl Weiß, Verpflichtung zur Teilnahme und Kostenrückersatz bei angeordneten Ausbildungsmaßnahmen, DRdA 2000, 181; Naderhirn, Rückersatz des während einer Ausbildung fortgezahlten Entgelts, DRdA 2009/42, 414.
[125] Im Detail s die 34a. Klausel im ZellHB AV-Klausel, von Oberhofer.

VII. Abgeltung

Wir kommen auf das schon mehrfach angesprochene Entgelt zu sprechen; damit ist gemeint, was dem Arbeitnehmenden *für* die Arbeits*kraft* zusteht.[126] Soweit aber nur dienstlich bedingter finanzieller Mehraufwand ersetzt wird, handelt es sich nicht um Arbeitsentgelt.[127]

1.

Der Dienstzettel (schriftliche Arbeitsvertrag) hat die Höhe des *Grund*gehalts/-lohns zu enthalten, weitere Entgeltbestandteile, zB *Sonderzahlungen*, ersichtlich und die *Fälligkeit* des Entgelts kenntlich zu machen.[128]

Für Angestellte wird idR Überweisung aufs Gehaltskonto zum Monatsletzten festgelegt, soweit es um das Monatsgehalt geht; ein *Vorschuss* kommt ebenso in Frage wie ein *Darlehen*, mitsamt Verrechnungs- und Tilgungsmodalitäten.[129]

---

[126] Vgl Radner in ZellHB AV-Klauseln Rz 36.06 ff. Vgl Birgstaller/Schorn, Entgelt nicht gleich Entgelt, ZAS 2013/18, 99; Binder, Zur Widerentdeckung des „Truckverbots" oder Gedanken über das Verhältnis von Barzahlungsgebot zum Naturalentgelt, in FS Bauer/Maier/Petrag (2004), 111; Spitzl, Zur beitrags- und lohnsteuerrechtlichen Behandlung von Nettolohnvereinbarungen, RdW 1996, 122; Felten, Leistungs- und erfolgsbezogenes Entgelt als Alternative zum Zeitlohn (2010).

[127] Im Detail s die 33. Klausel im ZellHB AV-Klausel, von Pacic. Vgl Potz, Atypisches Entgelt, in Pacic, Atypische Beschäftigung (2016), 149.

[128] § 2 Abs 2 Z 9 AVRAG. Im Details s die 36. und 39. Klausel im ZellHB AV-Klauseln, von Radner; und die 44. Klausel, von Hruška-Frank. Vgl Andexlinger, Zum anteiligen Sonderzahlungsanspruch – Grundsatz und Gestaltung, RdW 1995, 63; Binder, Rechtsgrundlagenprobleme der Remunerationsgewährung, ZAS 1984, 49; Eypeltauer, Änderung des Beschäftigungsausmaßes, ecolex 2017, 57; Felten, Arbeitsvertragliches Flexibilisierungsklauseln im Entgeltbereich, RdW 2008, 278; Spitzl, Rückverrechnung von Sonderzahlungen, ZAS 2000/18, 176.

[129] Im Detail s die 45. Klausel im ZellHB AV-Klauseln, von Tinhofer. Vgl Anzenberger, Vorschüsse und Arbeitgeberdarlehen in der Gehaltsexekution, ÖJZ 2011/105, 996.

Zudem ist eine allfällige *Einstufung* in ein generelles Schema zu vermerken; auf den Arbeitsvertrag anzuwendende Normen kollektiver Rechtsgestaltung sind zu bezeichnen und mit einem Hinweis auf den Raum (im Betrieb) zu versehen, worin sie zur Einsichtnahme aufliegen.[130]

Wer als Arbeitgebende einen Arbeitnehmenden beschäftigt (hat), ohne ihm *zumindest* das nach Gesetz, Verordnung oder Kollektivvertrag gebührende Entgelt, ausgenommen die in § 49 Abs 3 ASVG angeführten Entgeltteile, zu leisten, begeht eine Verwaltungsübertretung und ist mit Geldstrafe zu bestrafen.[131]

---

[130] § 2 Abs 2 Z 7 und Z 12 AVRAG. Im Detail s die 35. Klausel im ZellHB AV-Klauseln, von Hruška-Frank. Vgl Cerny, Entgeltregelungen in Betriebsvereinbarungen, in FS Strasser (1983), 487; Haslinger, Die Kundmachung des Kollektivvertrags im Betrieb, ZAS 1968, 129; Kerschner, Zur Haftung des Dienstgebers wegen falscher Einstufung des Dienstnehmers, DRdA 2007/27, 278; Wacher, Gedanken zur Publikation arbeitsrechtlicher Vorschriften im Betrieb, ZAS 1976, 168.

[131] § 29 Abs 1 LSD-BG. Vgl Edthaler/Traxler, Die Auswirkungen von Verfall und Verjährung auf den Tatbestand der Unterentlohnung, ASoK 2018, 54; Eypeltauer, Verfall: Strafbarkeit wegen Lohn- und Sozialdumpings? Ecolex 2016, 902; Felten/Pfeil, Strafbare Unterentlohnung nach den LSD-BG und Verfall von Entgeltansprüchen, DRdA 2017, 79; Gleißner, Die neuen Regeln gegen Unterentlohnung – Eine erste Analyse für die Praxis, ZAS 2015/4, 19; Kozak, Untergrenze von Entgeltvereinbarungen im kollektivvertragsfreien Raum, DRdA 2011, 167; Schrank, Inhaltliche Reichweite des neuen „Lohndumping-" bzw Unterzahlungsverbots, RdW 2015/224, 239; Wiesinger, Die Verjährung von Lohn- und Sozialdumping, ASoK 2018, 242; Pacic, Rechtsfragen der Unterentlohnung, JMG 4/2017, 221.

Radner empfiehlt mangels eines gesetzlichen Anspruchs auf die Abgeltung der Inflationsrate eine *Valorisierungsklausel* und weist drauf hin, dass bei „Überzahlung" mittels *Aufsaugklausel* (Anrechnung) wenigstens die nächste kollektive Lohnerhörung vorweggenommen werden könne.[132]

2.

Obwohl der Arbeitnehmende nur das Zurverfügungstellen der Arbeitskraft schuldet, kann zur Entgeltfindung unter Einhaltung des Mindestentgelts und bei Wahrung allfälliger Bestimmungen in Betriebsvereinbarungen nicht nur an die Arbeits*zeit*, sondern auch an die *Leistung* oder den *Erfolg* angeknüpft werden, sohin könnten Provisionen, Prämien (Boni) und Gewinnbeteiligungen (Tantiemen) vereinbart werden, was variable Entgeltteile und innovative Entlohnungsmodelle erlaubt.[133]

---

[132] Radner in ZellHB AV-Klauseln Rz 36.25. Vgl Eypeltauer, Verzicht auf Ist-Lohn-Erhöhung, DRdA 1985/21, 403; Grillberger, Kollektivvertragliche Ist-Lohnerhöhungen und einzelvertragliche Anrechnungsklauseln, DRdA 1992, 431; Risak, Muster: Aufsaugklausel, ZAS 2006, 148; Vogt, Istlohn-„Klausel" nein − Istlohn-„Erhöhung" ja! ZAS 1993, 41.

[133] Im Details s die 37. Klausel im ZellHB AV-Klauseln, von Mair. Vgl Burz, Flexible Entgeltgestaltung (2013); Cramer, Der Bonus im Arbeitsvertrag (2007); Egermann/Hauer, Arbeitsrechtliche Aspekte bei Mitarbeiterbeteiligungsmodellen und Bonusregelungen, RdW 2013/469, 472; Pfeil/Urnik (Hrsg), Leistungsorientiertes Entgelt (2013); Jabornegg, Die Provision als Arbeitsentgelt, in FS Strasser (1993), 137; Lindemann/Simon, Flexible Bonusregelungen im Arbeitsvertrag, BB 2002, 1807; Löschnigg, Die Vereinbarung erfolgsabhängiger Entgelte, DRdA 2000, 467; Lutz (Hrsg), Leistungslohnmodelle (2010); Pacic, Entlohnung auf Provisionsbasis, ASoK 2009, 180; Resch (Hrsg), Leistungs- und erfolgsbezogene Entgeltfindung (2003); Risak, Innovative Entlohnungsmodelle, ZAS 2009/23, 140; Tomandl, Rechtsprobleme des Akkord- und Prämienlohnes, ÖJZ 1960, 477, 537; B. Winkler, Arbeitsrechtliche Konsequenzen variabler Entgelte, ZAS 2017/3, 13.

Etabliert sind in der betrieblichen Praxis *Zielvereinbarungen*: Rahmen- und Einzelzielvereinbarungen, mit oder ohne Bezug zum Arbeitsentgelt; die Verwirklichung quantitativer Ziele wird *gemessen*, jene qualitativer Ziele wird nach darin angeführten Kriterien *bewertet*.[134]

Änderungs-, Widerrufs- oder Unverbindlichkeits*vorbehalte* und die *Befristung* von Arbeitsbedingungen sind gängige Mittel der Flexibilisierung der Beschäftigungsbedingungen, die es der Arbeitgebenden ermöglichen, mit wirtschaftlichen, technischen oder organisatorischen Veränderungen *proaktiv* umzugehen; *auch* hinsichtlich des Entgelts.[135]

---

[134] Im Detail s die 38. Klausel im ZellHB AV-Klausel, von Held und Mair. Vgl Kucsko-Stadlmayer, Zielvereinbarungen im Kontext des Dienst- und Arbeitsrechts, zfhr 2006, 2; Lang, Performance Management, ASoK 2007, 82; Mair/Rainer, Zielvereinbarungen im Arbeitsverhältnis, ÖJZ 2007/67, 799; Mair/Reiner, Die rechtlichen Grenzen von Zielvereinbarungen, ecolex 2007, 876; Risak, Ausgewählte Rechtsprobleme von Zielbonusvereinbarungen, ZAS 2008/29, 196.

[135] Im Detail s die 46. und die 47. Klausel im ZellHB AV-Klauseln, von Mair bzw Pacic. Vgl W. Berger, Vertragliche Regelungen zur Anpassung an geänderte Verhältnisse in Langzeitverträgen, 13. ÖJT II/2 (1997), 8; Engelbrecht, Arbeitsvertragliche Versetzungs-, Widerrufs- und All-In-Klauseln im Lucht des Transparenzgebots, ecolex 2006, 887; Felten, Arbeitsvertragliche Flexibilisierungsklauseln im Entgeltbereich, RdW 2008/234, 278; Gasteiger, Unverbindliche Entgeltbestandteile, DRdA 2014, 601; Grillberger, Entgeltkürzung, DRdA 2010, 195; Kietaibl, Ausübungsschranken arbeitsvertraglicher Änderungsvorbehalte, DRdA 2016/45, 426; Krejci, Grenzen einseitiger Entgeltbestimmung durch den Arbeitgeber, ZAS 1983, 203; Resch, Änderungsvorbehalt des AG in einer Vertragsschablone, DRdA 2001/28, 324; Risak, Der Unverbindlichkeitsvorbehalt, ZAS 2006/25, 162; Welser, Widerrufsvorbehalt und Teilkündigungsvereinbarung bei entgeltwerten Leistungen des Arbeitgebers, DRdA 1991, 1; Friedrich, Flexibilisierung durch Befristung und Bedingung in Vertragsklauseln und Betriebsvereinbarungen, ZAS 2011, 109; Kuderna, Die Befristung einzelner Elemente des Arbeitsvertrages, DRdA 1999, 329.

3.

Hingewiesen sei auch noch auf die Möglichkeit der Überlassung einer *Dienstwohnung*,[136] die Vereinbarung von *Abfertigungen* (Abgangsentschädigungen, Abfindungen),[137] einen Ausschluss des Einwandes des *gutgläubigen Verbrauchs* bei Überbezügen, die bedingt sind,[138] und die Zusage einer *Betriebspension*.[139]

---

[136] Im Detail s die 40. Klausel im ZellHB AV-Klausel, von Held und Mair. Vgl Wachter, Die Herausnahme von Dienst-, Natural- und Werkswohnungen aus dem Mietrechtsgesetz, RdW 1983, 76; Mosler, Weiterbenützung einer Werkswohnung nach Ende des Arbeitsverhältnisses, DRdA 1989, 55; Oppitz, Dienstwohnung und Betriebsübergang, ecolex 1994, 699; Wolf, Zur Kündigung von Dienstwohnungen, ecolex 1997, 790.

[137] Im Detail s die 41. Klausel im ZellHB AV-Klauseln, von Radner. Vgl Felbinger, Freiwillige Abfertigungszusage für GmbH-Geschäftsführer und Vorstände, SWK 2005, 619; Freudhofmeier, Behandlung der freiwilligen Abfertigung bei Übernahme eines Arbeitsvertrages, SWK 2006, 344; Gerhartl, Vereinbarung einer Abgangsentschädigung, PVInfo 2007 H 6, 29; Gerhartl, Vereinbarung einer Beendigungsvergütung, ASoK 2007, 341; Peschek, Zur Auslegung des abfertigungsrechtlichen Entgeltbegriffes in einem Vertrag, RdW 1995, 265.

[138] Im Detail s die 48. Klausel im ZellHB AV-Klausel, von F. G. Burger. Vgl Bieder, Überzahlung von Arbeitsentgelt und formularvertraglicher Ausschluss des Entreicherungseinwands, DB 2006, 1318; Burger, Rückforderung von Überzahlungen, wbl 2007, 567; Gerhartl, Gutgläubiger Verbrauch im Arbeitsrecht, ASoK 2007, 378; Gerhartl, Gutgläubiger Verbrauch von Entgelt, ecolex 2017, 696; Mayer-Maly, Anwendungsbereich Judikat 33 neu, DRdA 1979/11, 197; Rauch, Rechtsfolgen von „Hoppalas" in der Personalverrechnung, PVInfo 2015 H 3, 12; Thunhart, Die Einrede des gutgläubigen Verbrauchs, ZAS 2001, 102.

[139] Im Detail s die 43. Klausel im ZellHB AV-Klauseln, von Tinhofer. Vgl Binder, „Treuepflichtklausel" bei Pensionszusagen, DRdA 1990, 361; Drs, Ausgestaltung und Abänderung betrieblicher Pensionszusagen, DRdA 2007, 242; Drs, Beitragsorientierte direkte Leistungszusagen, RdW 2009/69, 764; Resch, Treuepflichtklauseln in Betriebspensionsvereinbarungen, ecolex 1991, 551, 631; J. Winkler, Zur Wertsicherung von Betriebspensionen, ZUVO 2007/68, 89.

Der Dienstzettel (oder schriftliche Arbeitsvertrag) hat Name und Anschrift der Betrieblichen *Vorsorgekasse* (BV-Kasse) oder Bauarbeiter-Urlaubs- und Abfertigungskasse zu enthalten.[140]

4.

Auch für Dienstleistungen, die *nicht* zustande gekommen sind, steht dem Arbeitnehmenden Entgelt zu, *wenn* er zur Leistung bereit war und durch Umstände auf Seiten der Arbeitgebenden daran verhindert worden ist; er muss sich aber anrechnen, was er sich infolge Unterbleibens seiner Dienstleistung erspart oder durch anderweitige Verwendung erworben oder zu erwerben absichtlich versäumt hat.[141]

---

[140] § 2 Abs 2 Z 13 AVRAG. Zu den Übertrittsmöglichkeiten vom alten Abfertigungsrecht ins Recht der Betrieblichen Mitarbeitervorsorge s die 42. Klausel im ZellHB AV-Klauseln, von F. G. Burger. Vgl Adamovic, Abfertigung Alt und Abfertigung Neu – Versuch einer Bilanz, RdW 2002 /462, 471; Felbinger, Abfertigung NEU (2002); Geist, BMVG: Zeitlicher Geltungsbereich und Gestaltungsmöglichkeiten bei Übertrittsvereinbarungen, ASoK 2002, 282; Grillberger, Der Übergang zur Abfertigung Neu, DRdA 2003, 211; B. Gruber, Übertritt in das neue Abfertigungssystem, ecolex 2002, 484; Mazal, „Umstieg" auf das BMVG – Rechtsprobleme der innerbetrieblichen Umstellung des Abfertigungsrechts, ZAS 2003/5, 27.

[141] § 1155 Abs 1 ABGB. Vgl Naderhirn, Gedanken zur Entgeltfortzahlungspflicht des Arbeitgebers bei höherer Gewalt, DRdA 2005, 17; Gerhartl, Entgeltfortzahlun: Probleme der neutralen Sphäre, DRdA 2007, 19; Aichberger-Beig, Entfall des Entgelts bei Arbeitsausfällen mit Ursache in der sogenannten „neutralen Sphäre"? DRdA 2020, 411; Aichberger-Beig, Coronavirus: Kein Arbeitsentgelt bei durch „allgemeine Kalamität" verursachten Betriebsschließungen? ecolex 2020, 283; Mazal, Entgeltfortzahlung bei pandemiebedingter Einschränkung des sozialen Lebens, ecolex 2020, 280; Friedrich, Entgeltfortzahlung nach § 1155 ABGB und COVID-19, ZAS 2020/26, 156.

Diese Bestimmung ist *abdingbar*, jedoch nur insoweit, als es zu keiner sittenwidrigen Überwälzung des unternehmerischen *Risikos* kommt.[142] *Reissner* hält eine (zeitweise oder teilweise) Einschränkung zB und insb im Hinblick auf außergewöhnliche Unregelmäßigkeiten des betrieblichen Ablaufs sowie bei Streik im Betrieb für zulässig.[143]

Entgeltfortzahlungsbestimmungen bei *Krankheit* oder Unfall bzw bei *anderen* wichtigen, die Person des Arbeitnehmenden betreffenden Gründen sind *un*abdingbar, sodass hauptsächlich die Anspruchsdauer *verlängert*, fortzuzahlendes Entgelt *erhöht* und Vordienstzeiten über das gesetzlich geforderte Maß hinaus *angerechnet* werden können.[144]

Die *Umstellung* des Anspruchszeitraums im Krankenstand vom Arbeits- aufs Kalenderjahr ist einer kollektiven Gestaltung vorbehalten.[145]

---

[142] Vgl Aichberger-Beig, Zur Abdingbarkeit des Entgeltanspruchs für Zeiten der Nicht-Beschäftigung (§ 1155 Abs 1 ABGB), ZAS 2018/13, 69; Firlei, Alkohol am Arbeitsplatz, ZAS 2009/35, 211; Risak, Die Suspendierung von Ärzten, RdM 2006, 174; Salcher, Der betriebsverfassungsrechtliche Disziplinarbegriff, JAS 2018, 301; Risak, Die Seuche, das Risiko und der Arbeitsvertrag, ÖJZ 2021/22, 165; Silbernagl/Raschauer, Höhere Gewalt und Privatautonomie, CuRe 2020/80.

[143] Im Detail s die 49. Klausel im ZellHB AV-Klauseln, von Reissner.

[144] § 1154b Abs 1 und Abs 2 ABGB, § 8 Abs 1 bis 3 AngG. Im Details s die 50. und 51. Klausel im ZellHB AV-Klauseln, von Heinz-Ofner. Vgl Gerhartl, Die Anrechnung von Vordienstzeiten im Arbeitsverhältnis, ASoK 2007, 131; Dullinger, COVID-19-bedingte Dienstverhinderung in der Arbeitnehmersphäre, ZAS 2021/3, 12; Ettmayer, Die Risikoverteilung bei Verhinderung aus persönlichen Gründen, DRdA 2007, 193; Aichberger-Beig, Entgeltfortzahlung bei Katastrophen, ecolex 2013, 899; Drs, Tsunami: Arbeits- und sozialrechtliche Fragen, RdW 2005, 102; Heinz-Ofner, Andere wichtige Dienstverhinderungsgründe des Arbeitnehmers, DRdA 2008, 114; Holzer, Die Dienstverhinderung aus anderen wichtigen die Person des Dienstnehmers betreffenden Gründen, DRdA 1970, 107.

[145] § 8 Abs 9 AngG; § 2 Abs 8 EFZG.

Für den *Urlaub* ist eine Umstellung in betriebsratslosen Betrieben auch durch den Einzelarbeitsvertrag vorgesehen.[146]

Das Ausmaß des jährlichen Erholungsurlaubs ist – sei es nur durch Verweis auf die Bestimmungen im UrlG – im Dienstzettel anzuführen; *Heinz-Ofner* erwähnt neben der Möglichkeit einer Anrechnung oder Zusammenrechnung von Vordienstzeiten, die über das Gesetz hinaus geht, jene eines *Urlaubsvorgriffs*, einer Berechnung des (jährlichen) Urlaubsausmaßes in *Arbeits-* statt in Werk*tagen* und jene einer Zusicherung von *Zusatzurlaub*.[147]

Der Zeitpunkt des Urlaubsantritts ist unter Rücksichtnahme auf Erfordernisse des Betriebes und Erholungsmöglichkeiten zu vereinbaren.[148] Ein *Betriebsurlaub* (eine Betriebssperre) kann zwar vertraglich festgelegt werden, jedoch nur im Ausmaß von zwei (Urlaubs-)Wochen.[149]

---

[146] § 2 Abs 4 UrlG. Vgl Gerhartl, Umstellung des Urlaubsjahres – Auswirkungen auf urlaubsausmaß und Wartezeit, ASoK 2007, 260; Pfeil, Umstellung des Urlaubsjahres durch Einzelvertrag? DRdA 2004/18, 246; Schima, Die einzelvertragliche Umstellung des Urlaubsjahres auf das Kalenderjahr, JBl 2000, 16.

[147] § 2 Abs 2 Z 10 (iVm Abs 5) AVRAG. Im Detail s die 64. Klausel im ZellHB AV-Klausen, von Heinz-Ofner. Vgl Burger, Urlaubsvorgriff und Rückforderung, in FS Binder (2010), 229; Cerny, Rückverrechnung von Urlaubsentgelt bei Urlaubsvorgriff, DRdA 2001/43, 528; Schachinger, Urlaubsrechtliche Probleme bei Samtsag-Feiertagen, ZAS 1988, 49.

[148] § 4 Abs 1 UrlG.

[149] Im Detail s die 66. Klausel im ZellHB AV-Klauseln, von Hruška-Frank. Vgl Reissner, Urlaubsvereinbarung während der Kündigungsfrist, DRdA 2003/4, 40; Gerhartl, Vereinbarung eines Betriebsurlaubs, PV-Info 4/2019, 17; Trattner, Praxisfragen zum Betriebsurlaub, ASoK 2002, 377; Andexlinger, Betriebsurlaub kraft Dienstvertrages, RdW 1988, 201.

Dienstverhinderungen in der Sphäre des Arbeitnehmenden sind der Arbeitgebenden zur Kenntnis zu bringen; *Anzeige- und Nachweispflichten* können im Arbeitsvertrag festgehalten und konkretisiert werden.[150]

Anwesenheitsprämien sind unzulässig; das sind solche, die – ungeachtet ihrer Bezeichnung und Ausformung – Fehlzeiten benachteiligen, die gesetzlich gewährleistet (gesichert) sind.[151]

---

[150] Im Detail s die 52. Klausel im ZellHB AV-Klausel, von F. G. Burger. Vgl Gerhartl, Melde- und Mitwirkungspflichten des Arbeitnehmers im Zusammenhang mit Erkrankungen, ASoK 2007, 427; Kallab, Zur Mitteilungspflicht bei Arbeitsverhinderungen, DRdA 1970, 107; Mazal, Der Informationsanspruch des Arbeitgebers bei EFZ im Krankheitsfall, ecolex 2010, 118; Trattner, Die Pflichten des Dienstnehmers bei Dienstverhinderung, ASoK 2001, 215.

[151] Im Detail s die 53. Klausel im ZellHB AV-Klauseln, von Heinz-Ofner. Vgl Drs, Unzulässige Anwesenheitsprämie, DRdA 2011, 53; B. Schwarz, Unzulässigkeit einer Anwesenheitsprämie, DRdA 2004/28, 339.

VIII. Korrektheit

Nachdem wir uns einen Überblick über Arbeit und Entgelt als Hauptpflichten und über damit einhergehende Haupt- wie auch Nebenpflichten verschafft haben, umgreifen wir Abreden über Treuepflichten, Persönlichkeits- und Immaterialgüterrechte.[152]

1.

Wir beginnen mit Vereinbarungen über *Diensterfindungen:* als Obliegenheits-, Anregungs-, Erfahrungs- oder Hilfsmittelerfindungen.[153] *Hruška-Frank* hält einschlägige Regeln des PatG für übertragbar, zB auf Gebrauchsmuster oder Sortenschutz, und rät zu einer eher allgemein gehaltenen Vereinbarung, um auch *nicht* absehbare Diensterfindungen einzuschließen; abgesehen von der Verfügung über Erfindungen komme eine Festlegung von Mitteilungs-/Äußerungspflichten sowie der angemessenen Vergütung in Betracht, zB als pauschale Abgeltung oder mittels einer vereinbarten Berechnungsmethode.[154]

---

[152] In Anlehnung an den 9. und 10. Abschnitt im ZellHB AV-Klauseln.

[153] § 7 Abs 3 PatentG 1970. Vgl Hruška-Frank in ZellHB AV-Klauseln Rz 54.02; Reitböck, Der Begriff der Diensterfindung und angrenzende Rechtsfragen (2003);.

[154] Im Detail s die 54. Klausel im ZellHB AV-Klauseln, von Hruška-Frank. Vgl Brunner/Alge, Diensterfindungen von „Leiharbeitnehmern", Das Diensterfindungsrecht im triangulären Beziehungsgeflecht zwischen überlassener Arbeitskraft, Überlasser und Beschäftiger, ÖBl 2018/13, 48; Eypeltauer, Auswirkungen eines gleichwertigen Alternativverfahrens auf die Diensterfindungsvergütung, ecolex 2017, 1191; K. Mayr, Vergütung für Erfindungen von Dienstnehmern (1997).

Zu denken ist sodann daran, dass der *Urheber* eines Werkes *die* Person ist, die es geschaffen hat; auch dann, wenn es aus einem Arbeitsverhältnis erwächst.[155] Die *Werknutzungsrechte* können auf die Arbeitgebende übertragen werden.[156] *Neumayr* vermerkt, dass ein Verzicht auf Nennung als Urheber zulässig sei, aber als Vorwegverzicht sittenwidrig sein könne; außerdem bemerkt er, dass Veröffentlichungen oder Vorträge des Arbeitnehmenden unter *seinem* Namen gestattet, jedoch auch, dass sie Beschränkungen unterworfen werden könnten, zB in Form einer Meldepflicht oder der Verpflichtung zum Hinweis darauf, dass der Text bzw Vortrag allein *seine* Meinung, nicht die der Arbeitgebenden wiedergibt.[157]

---

[155] § 10 Abs 1 UrheberrechtsG.

[156] § 24 UrheberrechtsG, bzgl Software und Datenbanken s §§ 40b und 40f Abs 3, außerdem vgl §§ 38, 69, 74 Abs 1 und 76 Abs 1 leg cit. Vgl § 106 UG 2002, § 49p Abs 2 und Abs 3 VBG, §§ 182, 183, 195 BDG.

[157] Im Detail s die 55. Klausel im ZellHB AV-Klauseln, von Neumayr. Vgl Ciresa, Softwareentwicklung durch Arbeitnehmer, ZAS 2006/3, 15; Dittrich, Ausgewählte Grundsatzfragen des Arbeitnehmerurheberrechts, ZAS 2006/2, 4; Eypeltauer, Nochmals: „Wem gehören die Nutzungsrechte an Arbeitsergebnissen?", ecolex 2010, 469; Jabornegg, Urheberrechtliche Bestimmungen im KollV für Filmschaffende und in Einzelverträgen, DRdA 2003, 391; Majoros, Der Arbeitnehmer als Urheber, DRdA 2009, 161; Riede/Pöchhacker, Geistiges Eigentum: Wem gehören die Nutzungsrechte an Arbeitsergebnissen? ecolex 2010, 273; Thiele, Übertragung von Urheberrechten auf den Arbeitgeber, RdW 2002, 537; Weisgram, Arbeitsrechtliches zum Urheberrechtsschutz für Computerprogramme, DRdA 1985, 56; Wolff, Die Rechte an durch Arbeitnehmer entwickelter Computer-Software, EDVuR 1986 H 1, 6.

2.

Werfen wir einen Blick auf Fragen mit Bezug zu Treuepflichten und Persönlichkeitsrechten. Bezüglich der *Bekleidung* und des *äußeren Erscheinungsbildes* (Haar- und Barttracht, Kosmetik, Schmuck, Kopfbedeckung, Tätowierungen und Piercings, usw) empfiehlt *Knallnig-Prainsack* für den Fall, dass weder generelle Regelungen bestehen noch Branchenüblichkeit ersichtlich ist, die Vereinbarung von Bekleidungsstandards.[158] Die Anweisung zur *Einhaltung* hat freilich nach Treu und Glauben zu erfolgen, gemäß der Übung des redlichen Verkehrs: darauf achtend, was wechselseitig *erwartet* werden *darf*.[159]

---

[158] Knallnig-Prainsack in ZellHB AV-Klauseln Rz 56.29. Vgl Berka, Religion, Weltanschauung und Arbeitsverhältnis, DRdA 2017, 247; Hopf, Diskriminierung wegen Religion oder Weltanschauung bei der Begründung des Arbeitsverhältnisses, DRdA 2006, 245; Firlei, Kontrollmaßnahme Firmenausweis, DRdA 1997, 510; Firlei, Verstoß gegen branchenübliche Bekleidung, DRdA 2000/13, 142; Köck, Diskriminierung wegen Geschlecht, Alter, ethnischer Zugehörigkeit und sexueller Orientierung, ZAS 2018/22, 137; Kreil, Haar- und Barttracht: Persönlichkeitsschutz contra Weisungsrecht, RdW 2006/655, 703; Mitschka/Steiner, Die Bestellungs- und Kostentragungspflicht für Arbeitskleidung, ZAS 2014/50, 304; Peschek, Sind Miniröcke und kurze Hosen ein arbeitsrechtliches Problem? RdW 1992, 343; Rauch, Sind Vorschriften des Arbeitgebers zu Bekleidung, Schmuck, Tätowierungen und Piercings zulässig? ASoK 2006, 327.

[159] Vgl Pacic in Resch, Der Arbeitnehmer als Schachfigur des Arbeitgebers (2012), 43 ff; Pacic, ZAS 2017/4, 24; Gerhartl, Reichweite und Grenzen des Weisungsrechts des Arbeitgebers – Dargestellt anhand von Beispielen, ASoK 2016, 135.

Greifeneder rät zur Einholung einer Einwilligungserklärung für die Veröffentlichung von *Daten* der Mitarbeitenden, insb im Internet; und mahnt zur expliziten Zustimmung bzgl *Fotos*, bei deren Auswahl den darauf Abgebildeten ein Mitspracherecht eingeräumt werden sollte.[160]

Suchtmittelkonsum kann, so hebt *Knallnig-Prainsack* hervor, im Betrieb untersagt oder (räumlich oder zeitlich) beschränkt werden, falls es um das Rauchen und den Alkoholkonsum geht; soweit es um Medikamente geht, sei eine Informationspflicht über Arbeitsunfähigkeit (Verkehrsuntüchtigkeit) festsetzbar.[161]

---

[160] Greifendeder in ZelHB AV-Klauseln Rz 57.04 bis 57.15. Vgl Thiele, Verwendung von Mitarbeiterfotos auf Firmenwebsites, wbl 2002, 397; Hörlsberger, Veröffentlichung personenbezogener Daten im Internet, ÖJZ 2004, 741.

[161] Knallnig-Prainsack in ZellHB AV-Klauseln Rz 48.31 bis 58.34. Vgl J. Egger, Schutz des Gastgewerbepersonals vor Tabakeinwirkung, DRdA 2007, 64; Eichinger, Nichtraucherschutz im Arbeitsleben, RdW 1992/344; Felten, Arbeitsrechtlicher Schutz für Raucher? ZAS 2009/34, 204; Firlei, Alkohol am Arbeitsplatz, ZAS 2009/35, 211; Gerhartl, Rauchen am Arbeitsplatz, RdW 2007/321, 299; Handig, Über Rauchverbote, Hinweise und Sanktionen – Das sonderbare Rauchverbot des Tabakgesetzes, RdW 2007/149, 138; Körber, (Nicht-)Raucher-Betriebsvereinbarung, ZAS 2005/24, 143; Knallnig, Sucht am Arbeitsplatz: Prävention und Rechtsfolgen, personal manager 2009 H 6, 50.

Regelungen zu *Untersuchungen* des Gesundheitszustandes des Arbeitnehmenden sind im Vertrag nur insoweit erlaubt, als ein *berechtigtes* Interesse der Arbeitgebenden daran besteht; bei Achtung der Würde und diskriminierungsfrei, wobei dann, wenn es um Menschenwürde *berührende* Kontrollmaßnahmen geht, (die diese gleichwohl nicht verletzen,) eine Zustimmung des Betriebsrates erforderlich ist.[162]

3.

Außerdienstliches (außerbetriebliches) Verhalten ist außerhalb des Arbeitsverhältnisses gelegen, weshalb auf Vereinbarungen gestützte Gestaltungs- oder Beendigungsakte, die sich auf ein solches Verhalten beziehen, der Übung des redlichen Verkehrs widerstreiten, außer das Verhalten wäre den durch dienstliche, betriebliche Verhaltensanforderungen geschützten Interessen der Arbeitgebenden abträglich *und* ein verträgliches Verhalten wäre dem Arbeitnehmenden zumutbar.[163]

---

[162] § 96 Abs 1 Z 3 ArbVG, § 10 AVRAG. Im Detail s die 59. Klausel im ZellHB AV-Klauseln, von Greifeneder. Vgl Gerhartl, Melde- und Mitwirkungspflichten des Arbeitnehmers im Zusammenhang mit Erkrankungen – Ist der Arbeitgeber berechtigt, eine amtsärztliche Untersuchung anzuordnen? ASoK 2007, 427; Klein, Ausforschung von Stellenwerbern durch Fragebogen und psychologische Tests, ArbuR 1978, 266; Risak, Arbeitgeberrechte im Krankenstand, ZAS 2020/11, 52; Frey, HIV/AIDS – Diskriminierung aufgrund der Behinderung, DRdA 2009, 274; Egger, Rechtsprobleme bei der Anbahnung von Arbeitsverhältnissen, DRdA 1982, 89.

[163] Im Detail s zB die 60. Klausel im ZellHB AV-Klauseln, von Held; vgl Dusak, Die arbeitsrechtliche Relevanz außerdienstlichen Verhaltens, RdW 1988, 355; Mayer-Maly, Arbeitsverhältnis und Privatsphäre, ArbuR 1968, 1; Wisskirchen, Außerdienstliches Verhalten von Arbeitnehmern (1999).

In diesem Lichte hält es *Heinz-Ofner* für möglich, eine Pflicht zur Meldung jeder *Nebentätigkeit* zu statuieren; für bedenklich, jede nicht genehmigte Nebenbeschäftigung (Erwerbstätigkeit) zu untersagen.[164]

4.

Eine Vereinbarung, durch die der Arbeitnehmende für die Zeit *nach* der Beendigung des Arbeitsverhältnisses in der Erwerbstätigkeit beschränkt wird (*Konkurrenzklausel*), ist (ungeachtet der beendigungsabhängigen Grenzen für die Geltendmachung) nur insoweit wirksam, als:

der Arbeitnehmende im Zeitpunkt des Abschlusses der Vereinbarung nicht minderjährig ist; sich die Beschränkung auf die Tätigkeit im Geschäftszweig seiner Arbeitgebenden bezieht und den Zeitraum *eines* Jahres nicht übersteigt; die Bedingung erfüllt ist, dass das für den letzten Monat gebührende Entgelt eine bestimmte Höhe überschritten hat; und die Beschränkung nicht nach Gegenstand, Zeit oder Ort und im Verhältnis zum geschäftlichen Interesse der Arbeitgebende an ihrer Einhaltung eine unbillige Erschwerung seines Fortkommens enthält.[165]

---

[164] Im Detail s die 61. Klausel im ZellHB AV-Klauseln, von Heinz-Ofner. Vgl Resch, Arbeitsvertrag und Nebenbeschäftigung (1991); Resch, Entlassung und vertragliches Wettbewerbsverbot, DRdA 2006/4, 36; Resch, Grenzen für Nebenbeschäftigungsverbote bei Spitalsärzten, RdM 2013, 203.

[165] §§ 36 f AngG, § 2c AVRAG. Vgl Holzer, AN-Abwerbeverbot und Konkurrenzklausel, DRdA 1990/4, 49; Blasl, Zahlung einer Karenzentschädigung für nachvertragliches Wettbewerbsverbot unterliegt der DB- und DZ-Pflicht, PVInfo 2018 H 6, 21; Löschnigg, Klientenschutzvereinbarung eines angestellten Wirtschaftstreuhänders, DRdA 1981, 415; Reissner, Mäßigung einer Konventionalstrafe bei Konkurrenzklausel, DRdA 1993/27, 237; Reissner, Unsicherheiten in der Rechtsprechung zur Mitarbeiterschutzklausel, ASoK 1997, 34.

Als Konkurrenzklauseln ordnet *Reissner* Kunden-, Klienten- oder *Mandantenschutz-*, idR auch *Mitarbeiterschutz-*, weiters *Lieferantenschutzklauseln* ein; die Pensionsverlustklauseln (als Treuepflicht-, Verfalls- oder Ruhegenussklauseln) nur insoweit, als sie dem (ehemaligen) Arbeitnehmenden Erwerbsbeschränkungen auferlegen.[166]

Die über das Ende des Beschäftigungsverhältnisses hinaus währende Verpflichtung zur Wahrung von geschäftlichen und betrieblichen *Geheimnissen* gilt nicht als Konkurrenzklausel; sie ist also insb in zeitlicher Hinsicht nicht unbedingt beschränkt.[167]

*Datenschutz*recht kann und wird vielfach eine Einwilligung zur Datenverarbeitung und Vereinbarungen zu Datensicherheit und Datengeheimnis erfordern; auch Datenschutzklauseln sind *keine* Konkurrenzklauseln.[168]

---

[166] Im Detail s die 62. Klausel im ZellHB AV-Klauseln, von Reissner.

[167] Im Detail s dazu die 63. Klausel im ZellHB AV-Klauseln, von Knallnig-Prainsack. Vgl Eypeltauer, Berufliche Schweigepflicht von Rechtsanwaltsbediensteten, DRdA 1997/46, 389; Holzer, Anwendbarkeit des Konkurrenzklauselrechts auf Geheimhaltungsklauseln, ZAS 1996/7, 54; Kallab, Zu den Grenzen der AN-Verschwiegenheitspflicht, DRdA 2001/23, 266; Reissner, Arbeitnehmer als „Störer" nach UWG, DRdA 2003/43, 434; Tschernutter/Joklik-Fürst, Berufsrechtliche Verschwiegenheitspflichten der Freiberufler: Allgemeines (Teil I), ÖStZ 2006/167, 86; Ärzte und Notare (Teil II), ÖStZ 2006/219, 115; Rechtsanwälte und Wirtschaftstreuhänder (Zeil 3), ÖStZ 2006/260, 137.

[168] Im Detail s die 63a. Klausel im ZellHB AV-Klausel, von Stella/Winter. Vgl Franzen, Datenschutz-Grundverordnung und Arbeitsrecht, EuZA 2017, 313; Goricnik, Die Einwilligung des Arbeitnehmers als Rechtsgrundlage einer Datenverarbeitung nach der DSGVO, Dako 2017/33, 54; Grünanger, Auswirkungen der DSGVO auf den Arbeitnehmer-Datenschutz in Österreich, ZAS 2017/55, 284; Körber-Risak/Brodil (Hrsg), Datenschutz und Arbeitsrecht (2018); Brodil (Hrsg), Aktuelle Rechtsfragen des Datenschutzes (2019).

IX. Abschließendes

Zum Schluss streifen wir das Schadenersatzrecht und sprechen Mittel zur Sicherung oder Durchsetzung von Ansprüchen an.[169]

1.

Hat ein Arbeitnehmender bei Erbringung seiner Dienstleistung der Arbeitgebenden schuldhaft (jedoch nicht vorsätzlich) einen Schaden zugefügt, so kann der Ersatz gerichtlich aus Gründen der Billigkeit gemäßigt oder, falls der Schaden leicht fahrlässig zugefügt worden ist, auch erlassen werden.[170]

Eine *Fehlgeldprämie* könnte das Ausmaß der Mäßigung und damit der Ersatzpflicht bei einem Fehlbetrag oder Fehlbestand bis zur Höhe der Prämie (Fehlgeldentschädigung) beeinflussen (*Mankohaftung*), vermag das richterliche Mäßigungsrecht aber nicht auszuschließen.[171]

---

[169] In Anlehnung an den 11. und 12. Abschnitt im ZellHB AV-Klauseln.
[170] § 2 DHG.
[171] Im Detail s die 67. Klausel im ZellHB AV-Klauseln, von Hofer. Vgl Adamovic, Methodisches zur Mäßigung nach dem DHG sowie zur Anwendung des Beweglichen Systems, ÖJZ 1996, 695; Kerschner, Anerkenntnis einer Mankohaftung, DRdA 1996, 524; Reischauer, Verschulden und Beweislast, ZVR 1978, 97; Zankel, Der Widerspruch gegen die Aufrechnungserklärung nach § 7 DHG, ASoK 2008, 262.

Die der Arbeitgebenden zugerechnete sog *Risikohaftung* für arbeitsadäquate (Sach-)Schäden des Arbeitnehmenden könnte zwar in begrenztem Maße abbedungen werden, doch verlaufen sich die Grenzen dafür im Nebel, der durch Risikoabgeltung zu lichten versucht wird.[172]

2.

Eine *Konventionalstrafe* (Vertragsstrafe) ist als pauschalierter Schadenersatz im Nicht- oder Schlechterfüllungsfalle zulässig, wenngleich sie bei Konkurrenzklauseln der Höhe nach mit dem Sechsfachen Nettoentgelt (für den letzten Monat) gedeckelt ist und überhaupt dem richterlichen Mäßigungsrecht unterliegt;[173] abgesehen von der Konkurrenzklausel ist nach *Greifeneder* die vorzeitige Auflösung des Arbeitsverhältnisses zu den typischen Anwendungsfällen zu zählen.[174]

---

[172] Im Detail s die 68. Klausel im ZellHB AV-Klauseln, von Greifeneder. Vgl Apathy, Risikohaftung des Arbeitgebers für Personenschäden, JBl 2004, 746; Brodil, Home Office II – Haftung bei entgrenzter Arbeit, ZAS 2016/37, 209; Gerhartl, Einschränkung des AG nach § 1014 ABGB, DRdA 1988/6, 132; Klein, Der dienstbedingte Sachschaden des Arbeitnehmers, DRdA 1983, 347; Schrank, Betriebsrisiko und arbeitsrechtliche Werteordnung, ZAS 1985, 8; Tomandl, Grundlagen und Grenzen der verschuldensunabhängigen Arbeitgeberhaftung, ZAS 1991, 37; Tomandl, Die Risikoverteilung im Arbeitsrecht, ZAS 2015/39, 244.

[173] §§ 2c und 2e und AVRAG, § 38 AngG, § 1336 Abs 2 ABGB. Vgl Beck-Mannagetta, Die Absicherung einer Konkurrenzklausel durch eine hohe Vertragsstrafe, DRdA 1986, 337; Beck-Mannagetta, Probleme der Konventionalstrafe, ÖJZ 1991, 185; Kemetter, Konkurrenzklausel und Konventionalstrafe, ecolex 2008, 853; Steinbauer, Übermäßigkeit einer Vertragsstrafe, DRdA 1984/8, 150.

[174] Im Detail s die 69. Klausel im ZellHB AV-Klauseln, von Greifeneder.

Während des aufrechten Bestandes des Arbeitsverhältnisses ist eine *Aufrechnung* von Ersatzansprüchen gegen den Arbeitnehmenden nur dann zulässig, wenn er ihr nicht innerhalb von 14 Tagen ab Zugang der Aufrechnungserklärung widerspricht; *Völkl-Posch* weist idZ auf die Möglichkeit der Einholung einer Zustimmung zur Aufrechnung mit einer bestellten Kaution nach dem Kautionsschutzgesetz hin.[175]

Hat ein Arbeitnehmender einen Aufwand auf Betriebsmittel gemacht oder durch ein Betriebsmittel einen Schaden erlitten, so käme ein *Zurückbehaltungsrecht* daran in Betracht, welches die Arbeitgebende *Völkl-Posch* zufolge vertraglich ausschließen könnte, uU verbunden mit einstweiliger Sicherheitsleistung.[176]

Die *Abtretung* von Ansprüchen aus dem Arbeitsverhältnis (oder Verpfändung) kann nach *Nunner-Krautgasser* verboten oder mit Wirkung für Dritte ausgeschlossen; sie könne auch an die Zustimmung des Vertragspartners gebunden und an einen Anspruch auf Verrechnung damit einhergehender Mehrkosten geknüpft werden.[177]

---

[175] Im Detail s die 72. Klausel im ZellHB AV-Klauseln, von Völkl-Posch. Vgl Krejci, Zur Kompensation von Entgeltforderungen des Arbeitnehmers mit Arbeitgeberansprüchen auf Schadenersatz, ZAS 1980, 163; Trattner, Aufrechnung im Dienstverhältnis, ASoK 2000, 30.

[176] Im Detail s die 70. Klausel im ZellHB AV-Klauseln, von Völkl-Posch. Vgl Binder, Die Verzahnung von Arbeits- und Zivilrecht – dargestellt anhand von Umgehungskonstruktionen und des allgemeinen Leistungsverweigerungsrechts, ZAS 2008/24, 162; Fischer, Das Zurückbehaltungsrecht im Arbeitsrecht, ZAS 1987, 109; Mazal, Zurückbehaltung von Arbeitslohn? DRdA 1993, 62.

[177] Im Detail s dazu die 71. Klausel im ZellHB AV-Klauseln, von Nunner-Krautgasser. Vgl Aicher, Zur Wirkung des vertraglichen Zessionsverbotes, ÖJZ 1972, 309; Apathy/Eicher, Das verpfändete Arbeitseinkommen, DRdA 1999, 399; Hofmann, Absolute Wirkung des Zessionsverbotes? ÖBA 1995, 919; Hoyer, Absolute Wirkung eines vertraglichen Zessionsverbotes? JBl 1972, 511; Koziol, Das vertragliche Abtretungsverbot, JBl 1980, 113.

Die *Verjährungsfrist* für arbeitsvertragliche Ansprüche kann verkürzt und es kann ihr *Verfall* vereinbart werden, sofern und soweit derart ihre Geltendmachung nicht sachlich unbegründet übermäßig erschwert wird.[178]

3.

Gerichtsstandsvereinbarungen sind zwar möglich, doch kann durch Parteienvereinbarung die sachliche Zuständigkeit *nicht*, die örtliche Zuständigkeit nur für einen bestimmten einzelnen Rechtsstreit der im § 50 Abs 1 Z 1 bis 3 ASGG genannten Art und für besondere Feststellungsverfahren geändert werden.[179] Eine Parteienvereinbarung der inländischen Gerichtsbarkeit ist nur für *bereits entstandene* Streitigkeiten wirksam.[180]

---

[178] Im Detail s die 73. Klausel im ZellHB AV-Klausel, von Hruška-Frank. Vgl Eypeltauer, Wider den vereinbarten Verfall zwingender Arbeitnehmeransprüche bei aufrechtem Arbeitsverhältnis, DRdA 2001, 23; Holzner, Verfall und Verjährung von Entgeltansprüchen, DRdA 1987/9, 136; Pfeil, Zur Zulässigkeit von Verfalls- und Verjährungsklauseln im Arbeitsrecht, RdW 1986, 343; Wöss, Verjährung und Verfall im Arbeitsrecht, DRdA 1988, 216.

[179] § 9 Abs 1 ASGG. Im Detail s die 74. Klausel im ZellHB AV-Klauseln, von Nunner-Krautgasser. Vgl Franzen, Internationale Gerichtsstandsvereinbarungen in Arbeitsverträgen zwischen EuGVÜ und autonomem internationalem Zivilprozessrecht, RIW 2000, 81; Nunner-Krautgasser, Die Neuregelung der ausschließlichen Gerichtsstandsvereinbarungen in der EuGVVO, ZZP 127 (2014), 461.

[180] § 9 Abs 1a ASGG.

Schiedsvereinbarungen sind, außer für Geschäftsführer und Vorstandsmitglieder einer Kapitalgesellschaft, ebenfalls nur für bereits entstandene Streitigkeiten wirksam; dennoch sind sie zB im Sportrecht von Bedeutung.[181]

Zu unterscheiden von einer Schieds- ist die *Schlichtungsvereinbarung*, die auf außergerichtliche Einigung gerichtet ist und in Arbeitsverträgen an Bedeutung gewinnt; die Schlichtung ist entweder fakultativ oder vor Gerichtsanrufung obligatorisch.[182]

---

[181] § 9 Abs 2 ASGG; für Bühnendienstverträge s dagegen § 40 TAG. Im Detail s die 75.Klausel im ZellHB AV-Klauseln, von Nunner-Krautgasser. Vgl Aburumieh/Koller/Pöltner, Formvorschriften für Schiedsvereinbarungen, ÖJZ 2006/27, 439; Binder, Arbeitsrechtliche Schieds- und Disziplinargerichte auf dem Prüfstand des verfassungsrechtlichen Rechts auf den gesetzlichen Richter, DRdA 1985, 259; Holzer, Konfliktbereinigung im Sport im Spannungsverhältnis zwischen Autonomie und staatlicher Gerichtsbarkeit, in Nunner-Krautgasser/Reissner, Schlichtung und Schiedsgerichtsbarkeit im Sport (2011), 1; Holzer, Arbeitsrecht und Sport, ZAS 2015/24, 148; P. Payr, Schiedsklauseln in Vereinsstatuten, RdW 2007/360, 331; Peschek, Neue Möglichkeiten für Schiedsverfahren im Arbeitsrecht? RdW 2003, 153; Reich-Rohrwig/Lahnsteiner, Schiedsvereinbarungen mit einem als Arbeitnehmer oder Verbraucher zu qualifizierenden GmbH-Geschäftsführer, ecolex 2008, 740; Sommeregger, Schiedsgerichtsbarkeit im Skisport, Zak 2006/666, 389; Sommeregger, Schiedsgerichte im Fußballsport, Zak 2008/361, 210.

[182] Im Detail s dazu die 76. Klausel im ZellHB AV-Klauseln, von Nunner-Krautgasser, die als Mindestinhalt der Vereinbarung nennt: Standort der Schlichtungsstelle, Sachkunde gewährleistende Zusammensetzung der Schlichtungsstelle und Bestellung des Vorsitzenden wie auch eine Verdeutlichung der Notwendigkeit der Anrufung der Schlichtungsstelle bei obligatorischer Schlichtung (Rz 76.20). Vgl P. und K. Gatternig, Zulässigkeit und Wirkung von Schlichtungsvereinbarungen in Arbeitsverträgen, RdW 2009/232, 282; Pacic, Arbeitsverhältnisbezogene Schlichtungsklauseln, taxlex 2008, 469; Kuderna, Schlichtungsstellen für Rechtsstreitigkeiten aus dem Arbeitsverhältnis, DRdA 1978, 3; Knötzl/Schacherreiter, Schlichtungsvereinbarungen: Gültigkeit, Wirkung und Musterschlichtungsklausel, AnwBl 2016, 445.

Auf unabdingbare Ansprüche aus dem Arbeitsverhältnis ist ein *Verzicht* nicht vor Fälligkeit möglich; danach ist zu prüfen, ob wirtschaftlicher Druck seiner Wirksamkeit entgegensteht.[183]

Erklärt der Arbeitnehmende bei Beendigung des Arbeitsverhältnisses, dass alle seine Ansprüche befriedigt seien (Lohnbefriedigung- oder Entfertigungserklärung), könnte es sich dabei bloß um eine *Wissen*serklärung handeln;

Nunner-Krautgasser hält fest, dass ein Verzicht, sofern er idZ *gewollt* ist, im Wortlaut zum Ausdruck kommen müsste.[184]

---

[183] Vgl Rauch, Vergleich und Verzicht bei arbeitsrechtlichen Ansprüchen, ASoK 2006, 369; Schrank, Zur Zulässigkeit von „Verschlechterungsvereinbarungen" bei aufrechtem Arbeitsverhältnis, RdW 1983, 12; W. Schwarz, Zum Problem des Verzichts auf arbeitsrechtliche Ansprüche, DRdA 1956, 120; Strasser, Der Verzicht auf unabdingbare Arbeitsrechtliche Ansprüche, DRdA 1955, 13.
[184] Nunner-Krautgasser in ZellHB AV-Klauseln Rz 77.31 bis 77.33. Vgl F. Bydlinski, Willens- und Wissenserklärung im Arbeitsrecht, ZAS 1976, 83; W. Schwarz, Verzichtslehre und Wissenserklärung im Arbeitsrecht, DRdA 1984, 1; Winter, Entfertigungserklärung bei Beendigung des Arbeitsverhältnisses, ZAS 2007/22, 144.

Juristisches Denken tendiert zu Abwägung und Ausgleich;[185]

wir schließen unsere Erwägungen zum Arbeitsvertrag mit dem Hinweis auf die juristische Möglichkeit *gütlicher* Einigung: auf Klärung von streitigen oder zweifelhaften Anrechten durch *Vergleich*.[186]

---

[185] Vgl Pačić, Kein Anrecht auf Unrecht (2021), 83.

[186] Im Detail s dazu die 78. Klausel im ZellHB AV-Klauseln, von Nunner-Krautgasser. Vgl Kallab, Zur Bereinigungswirkung eines Vergleichs anlässlich der Beendigung eines Arbeitsverhältnisses, DRdA 2013/1, 22; Winter, Vergleich über Ansprüche aus dem Arbeitsverhältnis, ZAS 2008 /6, 44; Andexlinger, Vergleiche in Arbeitsrechtssachen und Sozialversicherungsbeiträge, RdW 1992, 81; Reischauer, Gedanken zur Novation, JBl 1982, 393; Szücs, Verzicht und Vergleich im österreichischen, deutschen und schweizerischen Arbeitsrecht (2006).